山崎達光
帆走の軌跡

著者　楠田和男
協力　山崎綾子

M care +
メディア・ケアプラス

目次

プロローグ

「あれ、夫と最後に話したのいつだったかしら・・・」

山崎綾子がふとそう思ったのは、夜も8時をまわった頃だった。夫の達光は一週間ほど前に室内で転んで肋骨を折り、部屋で休んでいる時間が多かった。その日の昼間も、夫は部屋で寝ているようだったが、綾子はあまり気にせず買い物に出かけたりして過ごした。夕食の時間になって見に行くと夫はまだ寝ていたが、その顔は笑っているようにも見えた。8時過ぎ、流石にいつまで寝ているのかと寝室に行ってみると、まださっき見た笑っているような顔のまま、少しも動いた様子がなかった。何かおかしいと感じ、ベッドから片方だけ出された腕を触ってみると、夫の腕は驚くほど冷たかった。

エスビー食品株式会社元会長の山崎達光は、令和2年12月6日、虚血性心不全のため、86歳でその生涯を閉じた。最期は自室のベッドで、眠ったまま息を引き取った。生前は常に家族や多くの仲間に囲まれて過ごしてきた達光だったが、旅立ちの瞬間だけは一人だった。

達光には、エスビー食品の会長の他にいくつかの肩書きがある。ヨット〈サンバード〉のオーナー、公益財団法人日本セーリング連盟の名誉会長、そしてニッポンチャレンジアメリカ杯の会長、である。国内外のヨットレースを荒らしてまわったオーナー、ヨットの普及や底辺拡大のために尽くした名誉会長、そして世界の頂点に挑んだ会長。そんな達光の人生の帆走を振り返ってみたい。

第1章
ヨットに魅せられる

終生の友

終戦直後の昭和20年頃、小学校六年生で東京・千代田区にある暁星小学校に転校した尾中哲夫は、どうすれば文化人の仲間に入れるかを考えた。その頃クラスでは、昼休みに文化人と野蛮人という遊びが流行っていた。腕っ節の強い10名ほどが文化人、残りはみんな野蛮人にされ、双方で物を取り合うだけの他愛ないものだった。体育の時間にドッジボールの試合を見ていた尾中は、どうやらボス格と思われる少年に目を付け、皆の眼前でその少年をひっくり返し、押さえつけてしまった。転校生ながらボスを瞬時に制圧した尾中は、翌日から文化人に仲間入りした。ひっくり返されたボスの名前は、山崎達光。尾中の生涯の友となる人物である。

山崎達光は、昭和9年11月30日、エスビー食品創業者の山崎峯次郎の次男として生まれた。暁星小学校に学び、いわゆるやんちゃな幼少時代を送る。

達光は四人兄弟と思われていることが多いが、元は五人兄弟で、五人の中で一番の美男子と言われた旭という名の弟がいた。旭は小学二年生のときに風邪をひき、その菌が脳に移ってしまい、それが原因で若くしてこの世を去った。病に伏せる少し前、達光は旭と相撲を取り、投げ飛ばしてしまった。旭はその後体調を崩し、そのまま帰らぬ人となった。相撲が原因ではなかろうが、達光は弟の死に責任を感じた。旭は幼児洗礼を受けたクリスチャンだったため、達光は弟の志を受け継ごうと考えたのか、にわかに勉強をはじめ、自分も洗礼を受けてキリスト教の信者となった。洗礼名はアンドレア・マリア山崎達光。突然の変化に周りは驚き、口さがなく「えせクリ」などと言う者もいた。事実、達光が大人になってから教会に通う姿を見た者は居らず、どれほど敬虔な信者だったかは定かでない。しかし、神の存在は信じていたと思われる。

暁星高等学校の修学旅行先の京都で、達光は悪友三人で宿を抜け出し、夜の街へと消えていった。宿の冠木門は23時で閉門され、出入りができなくなっても三人はまだ戻ってこない。尾中らが心配しながら待っていると、夜半にようやく土塀を乗り越えて帰ってきた。その後、尾中をはじめ級友諸君は皆、達光たちの夜の武勇伝に夢中にさせられた。旅行が終わり、学校生活が再開されても、達光の武勇伝は止まらない。休み時間になると、達光の話を聞きたがる生徒の輪ができた。しかし、そこにいた生徒の中には、敬虔なクリスチャンがいた。達光の品のない与太話を耳にしたその生徒は、彼らの行動は実に破廉恥極まりないと、母親に告げ口する。事は大事となり、こんな破廉恥な生徒がいる学校に子どもは預けられないと息巻く父兄と、当時暁星の後援会長を勤めていた達光の父、峯次郎との板挟みにあい、校長は苦悩した。事件の夜尾中は、たまたま京都に出てきていた自分の父と兄と一緒に食事をしていた。校長から事情聴取を受けた尾中は、親友の達光らを救おうと、この家族との会食に彼らも同席していたと、嘘の供述をした。板挟みに困り果てていた校長は心から安堵し、達光の教室での武勇伝は、皆を楽しませるための冗談だった（もちろん全部ウソ）という結論となり、事件は一件落着した。

事件の張本人である悪友三人組の中には、後に俳優となる藤村俊二がいた。藤村は尾中を評して「資格のない弁護士、何かあればテツ（尾中の呼び名）が助けてくれる」と、達光と共に窮地を救ってくれた尾中に感謝した。この三人の友情は、終生続くこととなる。藤村は後年、達光について「彼は不良なんですよ。今で言う不良と違って、とても好奇心があって、人に迷惑をかけない、いつまでも少年の時の夢を追いかける、そういう不良。自分の夢、好奇心を実現していけるバイタリティの持ち主です」と評している。

ヨットとの出会い

中学生の夏休み、達光は父の会社の社員旅行に同行し、千葉県館山の海の家を訪ね、埠頭で貸し出されていたヨットに乗った。扱い方もわからないまま沖へ出ると、波も穏やかな館山の海を、セールが心地良い風を受けてスイスイ進む感覚に魅せられた。「このまま進んで行ったらどこに辿り着くんだろう、ハワイまで行けるのかな」。急に怖くなって陸に戻ったが、この時のどこまでも行けるような感覚が、達光を生涯ヨットと結びつけることとなる。

高校三年の夏、尾中は達光と達光の兄・至朗と、山崎家の伊東の別荘を訪ねた。伊東の海岸には、一艘のディンギーが繋がれていた。これに乗ってみたいと考えた達光は尾中に「おいテツ、おまえ鎌倉育ちなんだからヨットくらい操縦できるんだろう?」と吹っかけた。尾中は実のところヨットに乗ったことはあったものの、実際に操縦したことはなかったが、つい「ああ、簡単だよ」と請け負ってしまった。三人でディンギーに乗り込み、川奈沖に浮かぶ手石島を目指して帆走を始めた。操り方もわからぬままに、艇はタック(方向転換)せずまっすぐ順調に進んでいた。しかし、このままでは手石島にぶつかってしまう。回避する方法を知らなかったが、尾中は見よう見まねで舵を切り、至朗と達光に「頭を下げて！」と指示しながら、無事にタックを決めた。帰りは追い風に乗って、実に快適なセーリングとなった。尾中にとっては、いわば偶然の賜のヨットの操船だったが、達光の目には尾中のタッキングが大変高度な技術に映った。達光が本当の意味でセーリングに目覚めたのは、この時だったのかもしれない。

早稲田大学に入り、尾中は参加すれば二単位取れるという、横浜港でのセーリング演習に参加した。その日は風が強く、沖を見ると中央大学のヨットが転覆している。尾中は強風に合わせてメインセールを小さく巻き込んでいたので大丈夫だろうと、セーリングを続けていた。が、そこにパフ（強い風のかたまり）が入り、尾中の艇もあえなく転覆した。波間に浮かれながら助けを待っていると、大型のヨットが近づいてきて「ああ、助けてもらえるな」と思ったら、先頭に乗って立っているのはなんと達光ではないか。「なんだ、チンしてるヤツがいると思って助けに来たらテツ、お前かよ」。海上でのひょんな再会だった。達光は、伊東での尾中とのセーリング体験がきっかけとなったのか、毎年夏休みはヨットで遊ぶのが楽しみになり、早稲田大学商学部入学後はヨット部に所属していた。普段はA級ディンギーで活躍していたが、この日は大型のヨットで訓練中だった。

大学卒業後、達光は父が経営するエスビー食品に入社。エスビー食品は、大正12年に達光の父・山崎峯次郎が創業したスパイスの製造販売会社で、後に年商一千億円、社員数1500名を超える大企業となる。達光は新人営業マンとして、また会社のトップに座る準備のために忙しい日々を過ごし、海とは少し疎遠になった。取締役に就任した入社四年目の夏、達光は「まったく唐突に」ヨットを買うことを決意した。幼少から学生にかけて過ごした海での日々が、急に思い起こされたのかも知れない。横須賀で海軍基地に勤めていたアメリカ人から19フィートのライトニング級を900ドルで購入、東京湾を処女航海した。この時味わった自由の気分は、達光をセーリングへと

引き戻すのに十分だった。

　ライトニングを駆って房総の海でセーリングを楽しんでいたある日、東京湾で地震が発生し、その影響でヨットは帆走不能に陥った。通りかかった漁船に助けを求め、千葉県の富津まで曳航してもらい、民宿に泊めてもらって事なきを得た。航行ができないもどかしさや、漁船に助けられた悔しさから達光は「小さいヨットはダメだ」と考えた。もっと大きい船を。この日ヨットに乗っていた中には、妻の綾子（旧姓：月森）がいた。

テネシーワルツ

　月森綾子は、達光より二ヶ月早い9月23日に東京で生まれた。松竹で撮影所所長を務めるなど、映画製作の仕事に携わっていた父・月森仙之助は進歩的な考え方の人で、女性が大学に進学したり、社会に出て働いたりすることが一般的でなかった当時において、綾子に進学や就職を勧めて応援し、常に彼女の考えを尊重した。唯一反対されたのが海外留学。それだけは、どうしても許してもらえなかった。

戦時中、体が弱かった綾子を心配した母・治子は彼女を学童疎開には出さず、東京から仙之助の故郷である島根県へ長男の修と三人で疎開した。戦争が終わった昭和20年12月に東京に戻ったが、家は空襲で焼けてしまっており、埼玉県大宮に住むことになった。その後、中学二年生のとき神奈川県鎌倉市に移り住み、綾子は横浜紅蘭女学院（現在の横浜雙葉中学高等学校）に編入。学校へは横須賀線で逗子駅から乗ってくる同級生の菊地京子と一緒に通学していた。当時の横須賀線は全七両編成で、そのうち一両は進駐軍専用。椅子はなく、木枠の窓があるだけのただ人を詰め込んで運ぶものだった。朝の通学時間帯、15分おきに来る電車には菊地の知り合いだった尾中も乗っていて、毎朝のように顔を合わせていた。

公立中学からの編入で、それまで全く縁のなかったフランス語の授業に苦労していた綾子は、菊地に「教科書が一緒だし、尾中さんに教えてもらったらいいわ」と薦められた。フランス語教育を重んじている暁星で中学一年からフランス語を学んでいた尾中は、綾子の家庭教師を引き受けることとなった。その後、カソリック系の学校の雰囲気にどうしても馴染めなかった綾子は、高校受験を考えるようになる。早稲田に行きたかったが女子は入学できず、できたばかりの慶應女子に二期生として入った。

高校一年生の夏休み、尾中は鎌倉の自宅に親友の達光と藤村俊二を招いた。男子三人ではどうにも寂しいと「友だちが数人来るんだけど、良かったら遊びに来ないか」と綾子に誘いをかけ、彼女は「行くわ」と快諾。これが、達光と綾子の最初の出会いとなる。おそらく、初対面ですでに達光は綾子のことが気に入ったのだろう。電気蓄音機でレコードをかけながらの、たわいもないお喋り。流れてきた『テネシーワルツ』に合わせて、達光は綾子を誘ってダンスを踊った。尾中にとっては、テネシーワルツの歌詞のような、ちょっぴりほろ苦い思い出である。

その後、同じメンバーで時々尾中邸に集まるようになり、四人は親しくなる。しかし、高校二年生の頃、「寒気がした」と言うほどの達光のふしだらなエピソードを綾子は伝え聞き、そんな人とは友だちでいられないと、葉書で絶縁状を送りつける。それまで「月森綾子様」だったのが、「月森綾子君」という書き出しで始まる「僕はそんな人間じゃない」と弁明の返信が来たが、綾子はこれを無視。以降、尾中邸での集まりに綾子は行かなくなり、達光と会うこともなくなった。後に、そのエピソードは他の人のことだったとわかり、綾子も「男の人なんて誰にでもそういう部分があるもの」と思うようになるのだが、「当時はまだ子どもで、どうしても許せなかった」のだ。

時を経て、ある冬休み。スキー旅行の費用を稼ぐため、綾子は森永製菓からの派遣として銀座松屋のケーキ売り場でアルバイトを始めた。同じく、近くの砂糖売り場でアルバイトをしていた早稲田大学の学生・和田と知り合い、休憩時間に話をするようになった。

そんなある日、売り場にいた綾子の前にスッと立った男性がいた。達光である。「あらー、久しぶり。どうなさったの」「和田とは知り合いで」。大学には学部がいろいろあるし、学生もたくさんいるのに、和田と達光は同じクラスで話す機会も多く「アルバイト先に慶大生がいる」「その子、知っている」となったらしい。達光は、誤解から縁が切れてしまった綾子のことが忘れられずにいたが、まさか和田がその縁を取り持ってくれるとは、縁とは不思議なものだ。それから幾度となくアルバイト先に達光が訪ねてくるようになり、自然と付き合いが始まった。あの絶縁状から約二年が経っていた。

達光は早稲田大学卒業後、アメリカ・ミシガン州にある大学に留学した。東京・築地の高級日本料理店『つきぢ田村』に呼ばれた綾子は彼の両親に、留学前に婚約した方がいいと言われるが、「何があるかわからないから婚約は

しません。帰国後にご縁があったら、またその時に話をさせてください」と断った。人の意見に流されない、綾子はそんな芯の強い女性だった。マスコミ志望だった彼女は、慶應義塾大学卒業後フジテレビに入社したかったが、残念なことに開局が一年延期されたために叶わなかった。「ルールを守らない人や、曲がったことが大嫌い」な彼女のこと、もし入社していたら、誰よりも正義感の強い、不正をとことん追求する報道記者になっていたかもしれない。

代わりにある広告代理店から内定をもらったが、達光の両親から就職を猛反対されてしまう。綾子の性格から言って押し通してもよかったのだが、結局山崎家の意向に沿う形になり、彼女が会社勤めをすることはなかった。

アメリカ留学中、達光は「こっちに来ないか」と綾子を誘った。英語を勉強したかった綾子は自分も留学したいと強く思ったが、父親に反対されてしまった。仕事柄、海外との繋がりがあり全くの未知の国というわけではなく、それほど危険な土地に行くわけでもないものの、ＧＨＱ撤退から数年、まだ不安定な時代で心配だったのだろう。これが、父親の唯一の反対であった。

もっと長くアメリカに居る予定だったが、達光は父・峯次郎の「戻って、会社を手伝え」との言葉に、一年半ほどで帰国。綾子曰く、達光が強引に結婚話を進め、昭和35年12月８日に式を挙げた。山崎の家は、達光がカソリック信者だったため教会での式を望んだが、キリスト教が嫌いだった綾子が拒否し、神前で行われた。山崎の家に呼ばれ、神父に直談判されても「離婚はしたらいけないなんて、人を束縛するようなのは絶対に嫌」と答えた綾子。なぜ、それほどまでにキリスト教を嫌っていたのか。横浜紅蘭女学院時代、信者とそうでない生徒への先生の対応が子どもの目にも明らかに違い、不信感を抱いたからだと言う。結局、達光の「僕はどうでもいいよ」という言葉もあって神前式となった。

披露宴は帝国ホテルで行われた。打ち掛けに角隠しからお色直しは振り袖で二回。仲人は山崎家と親しく交流していた田中角栄にお願いをしたが、昭和33年７月で郵政大臣の任を終えていた田中には「自分は今、役職を離れているから」と辞退され、代わりに大平正芳にお願いすることになった。当日は、ちょうど第二次池田内閣が発足した日。内閣官房長官に就任した大平は、皇居での任命式に出席するため途中離席する場面もあった。

こうして、出会いから九年半の後、達光と綾子は結婚生活をスタートさせた。綾子は今でも「あのとき結婚しないで仕事を続けていたら、どんな人生だったかしら」と考えることがある。二人の二番目の孫・中西光は、高校生の終わり頃、祖父に大学に行ったら何をしたいのかを聞かれ、心理学を学びたいと答えた。達光は「女性だからといって学べない、働けないという時代ではない。その気持ちを大事にしてほしい。オレ達の頃は女性が大学に進むことさえ稀だった。グランマ（山崎ファミリーの綾子の呼び名。ちなみに達光はグランジィ）はそんな時代に大学に進んだ。グランマはとても優秀な女性なんだ。あの頃は結婚したら家庭に入るのが当たり前だったが、もし社会に出ていたらきっと活躍していただろうに、オレが彼女の未来を潰してしまったかもしれない」と話した。
綾子は今「仕事ができなかったことは残念だけれど、結婚してヨットや食品業界という自分が知らない世界を見せてもらった。社会に出ることに代わるたくさんのものを得ることができた。後悔はない」と振り返る。

余談だが、綾子は当時、結婚後も月森性を名乗りたいと考えた。月森という名前が気に入っていたし、結婚したからと言って夫の性を名乗らなければいけないとは思わなかったのだが、やはりそれは叶わなかった。今でこそ夫婦別姓を選択できる選択的夫婦別姓制度が議論・検討されているが、およそ半世紀以上前にこれを主張していた綾子は、やはり先進的な考え方の持ち主だったと言っていい。

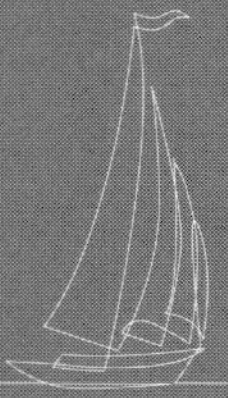

第2章
レースにのめり込む

もっと大きい船を

綾子と結婚して三年目の昭和38年、長女かおりが生まれた。この頃達光は、より大きなヨットを所有したいと思うようになった。より大きく、より速く、より強い船を。購入した24フィートのヨットは、〈亜光〉と名付けた。アジアの光となるよう、また自分の達光の字から一文字取って、そして何よりも達光だけの綾子の呼び名である「アコ」とした。

これまでディンギーで、陸に近い海でしかセーリングしてこなかった達光は、〈亜光〉で外洋レースに出てみたいと考えた。早稲田大学ヨット部OBを主体にクルーを募り、自らがオーナーとなって「第7回鳥羽パールレース」に参加した。結果は総合2位。これをきっかけに、達光はヨットレースの魅力にのめり込んでいくこととなる。

鳥羽パールレースで好成績を収めたものの〈亜光〉はレース中、大型艇に追い抜かされてしまう。ヨットは、大きいほど速い。もっと大きい船を。達光は、早くも次のヨットを購入することを考えていた。この年の秋、クルーの一人で、早稲田ヨット部同期の武村洋一を伴って、横浜市鶴見のパチンコ店を訪れた。武村とは、その後長いヨット人生の大部分を共に過ごすことになる。パチンコ店の店主は、陳秀雄。他ならぬ、鳥羽パールレースで達光の〈亜光〉を追い抜いた艇〈ふじ〉のオーナーである。陳が、この大型艇を手放したいという情報を聞きつけ、早速直談判に乗り込んだのだ。ヨットを譲ってほしいという突然の申し出に、はじめは戸惑いを隠せない陳だったが、達光の熱意に押され、かなりの高額にもかかわらずその場で譲渡を決めた。こうして手に入れた大型艇。24フィートから42フィートへ。1Kから4LDKに引っ越したようだ。達光はこのヨットに〈ミス・サンバード〉と名付けた。エスビー食品の社名は元々、「太陽＝SUN」と「鳥＝BIRD」の頭文字から付けられており、達光はヨットにもこの名前を付けた。後々〈サンバード〉は、日本のヨット乗りの間で知らぬ者はいない、強力なチームとして名を馳せていく。

その後、サンバードは次々に新しい艇へと移り変わっていった。〈ミス・サンバード〉はいわゆる居住性が高いクルーザーだったが、もっとレース性能の高い艇を求めた達光は、ニューヨークにあるスパークマン&ステファンス（S&S）に設計を依頼、その設計図を元に横須賀の加藤ボートでオリジナルのレース艇を建造した。加藤ボートは、当時若くて優秀な木工職人を有し木造のヨット製作では高い評判を得ており、サンバードの前には同じS&Sの設計で〈竜王〉〈旭〉などのワントンクラスの艇を建造していた。そして昭和46年に完成したのが、38フィートの〈サンバードII〉である。その後50年にニュージーランドから輸入したFRP艇の〈サンバードIII〉、同年に再びS&Sと加藤ボートに依頼して54フィートの〈サンバードV〉、58年にヤマハの41フィート〈スーパーサンバード〉と、達光の「より大きく、より速く、よりレースに勝てる強い艇を」の思いは途切れることがなかった。

1979'
第1回 PAN AM

国内では敵なし、海外へ

昭和42年のレースシーズンが幕を開けた。達光の〈ミス・サンバード〉のデビューイヤーである。〈ミス・サンバード〉は、4月の初島レースで1位フィニッシュ、5月、第1回八丈島レース、大島レースで連続ファーストホーム、そして因縁の7月の第8回鳥羽パールレースでは見事総合優勝を果たし、早くも国内では敵なしの様相を呈した。

「武さんよう、海外レースやってみたいなあ」。

達光はある日、サンバードのクルーで盟友の武村洋一に、こうつぶやいた。

たかだか1シーズンの数レースで、早くも次の目標を海外に向けるとは。早速チーム・サンバード内で海外レースの研究が始まった。ターゲットに据えられたのは、チャイナシーレース（香港—マニラ　565マイル）だった。

スタートは昭和43年4月7日。艇長には武村が指名された。3月10日、百人を超える観衆の声と紙テープに見送られ、〈ミス・サンバード〉は初めての海外レースに参戦するため、スタート地の香港に向けて横須賀の久里浜港を後にした。達光は、クルー全員の手を握り「頼むぞ。気をつけてな!」と声をかけた。果たして海外のチームに歯が立つのか。そもそも香港まで無事にたどり着けるのか。

3月26日〈ミス・サンバード〉は無事、チャイナシーレースのホストクラブである「ロイヤルホンコンヨットクラブ」に到着。4月7日12時00分、艇団は香港水道の大陸寄りの海面からスタートを切った。苦闘の末、4月11日未明、マニラ湾口のコレヒドール島のフィニッシュラインを通過、9位という好成績でゴールした。

後に〝至高の銀杯〟と呼ばれる世界最高峰のヨットレースに挑んだ達光にとって、これが最初の海外への挑戦となった。彼は後になって思い返している。

「私がレースに狂い出したのはその時からだ」と。

その後サンバードは、十数年にわたり、国内では大島、八丈島、神子元島、小網代、初島、三宅島等のレースに参戦、出れば勝ち状態を続けた。沖縄返還を記念した「東京―沖縄レース」にも第1回と第2回に参加し、それぞれ2位、総合優勝を果たしている。

チャイナシーレースに続く二度目の海外レースとして、シドニーで開催されるワントンカップに照準が定められた。当時の日本はクォータートンやハーフトンといった小さい船が主流で、ワントンのような大型艇でのレース経験はまだまだ未熟だった。チームはワントンカップに向けての練習や準備を重ね、月に一度達光の家に集まり、勉強会を開催した。このレースから、レースクルー以外に、サポートスタッフも同行するようになった。このときサポートに加わったメンバーの一人に、鷲尾猛がいる。彼は、後にサンバードの主要クルーとなり、その後も達光の長いヨット人生に深く関わることになる。

前述の「第2回東京―沖縄レース」で鷲尾は、達光に「ワシ、〈サンバードII〉を沖縄まで回航してくれ」と言われ、泡を食った。サンバードでのセーリング歴まだ二年の鷲尾には荷の重いミッションだったが、灯台や陸を目印に潮岬まで進み、そこから南下して黒潮を超え、奄美大島の名瀬を経由してどうにか沖縄に辿り着いた。当時の鷲尾には大冒険であった。

ワントンカップでは艇長に石合幸彦が指名され、クルーとして飯泉庸一、雨宮俊夫、広谷忠彦らが乗り組んだ。達光らは空路でオーストラリア入りしたが、〈サンバードII〉は船積みで運ばれた。鷲尾らサポートスタッフは、船の点検整備の名目でヨットと一緒に貨物船に乗り組み、艇の整備をしながら海路でシドニーを目指した。乗り込んだ船ではブリッジで毎日朝と夕方にチーフオフィサーが天測を行い、艇の現在位置を確認していた。天測とは、陸地の見えない外洋で、天体を観測することにより船舶や航空機の位置を特定する航海術のことである。現在のように衛星を使用したGPSがない時代、これが陸地などの目印が何もない海上で現在位置を確認する唯一の方法だった。

J1710

J
710

サンバードのナビゲーター（航海術を担当するクルー）だった広谷は、この機会に天測の技術を習得しようと、セクスタント（六分儀）を使って朝夕計測を行った。大きな貨物船はヨットと比べて揺れがないので、セクスタントが一番使いやすかった。一週間もすると、広谷の出す天測結果は、チーフオフィサーの出すそれとほぼ変わらなくなった。この経験は、後々広谷や鷲尾らのセーリング人生に大いに役に立つこととなる。

レース結果は、ワントンカップ14位、シドニー―ホバートレース24位に終わった。

この昭和47年のワントンカップを皮切りに、海外でも多数のレースに参戦。50年サザンクロスカップ、翌年ニュージーランドダンヒルカップを経て、徐々に参加するレースのグレードを上げていき、52年アドミラルズカップ、53年SORC、同年パンナムクリッパーカップ、60年トランスパック、61年ケンウッドカップと、それぞれ好成績を収めた。中でもアドミラルズカップは、達光がヨットを始めた頃から参加してみたいと願っていた、憧れのレースだった。
〈都鳥Ⅲ〉〈ＢＢⅢ〉とチームを組んでの参加だった。

仕事とヨットと家族と

昭和43年3月10日、達光にとって初の海外レースとなったチャイナシーレースのスタート地点、横須賀・久里浜港の見送りの中には、達光の母・山崎春栄の姿もあった。春栄はエスビー食品創業者である山崎峯次郎を扶け、同社の設立並びに発展に尽力、取締役、常務、専務、会長を歴任した。世界のスパイスを使った料理研究のため、年数回世界各国を訪れ、スパイスの本も出版していた。何にでも興味を持ち、達光のレースにもよく顔を見せていた。この時代、妻たるもの夫の一歩後ろで付き従うもの、というのが一般的な価値観だったが、春栄は一歩も譲らず、常に夫と対等でいた。春栄のこうした性格は、達光と生涯対等であり続けた綾子に似ていなくもない。

エスビー食品の営業の顔だった達光は、ほぼ毎晩接待や会食で深夜まで帰ってこなかった。結婚して一週間は会社からまっすぐ帰ってきて家で食事をとったが、それ以降平日の夕食を家で一緒に食べた記憶が綾子にはない。

綾子は船酔いしてしまうため、達光に誘われても、セーリングには同行しないことが多かったが、レースには必ずと言っていいほど応援に行っていた。長女のかおりと長男の明裕は、物心が付いた頃、達光が平日は毎日夜遅くまで帰ってこず、週末になれば毎週のようにヨットに乗りに行ってしまうため、父親と遊んだ記憶があまりない。その代わり、ヨットレースの応援で行く国内や海外が、半ば家族旅行のような恒例行事となった。かおりは、その頃まだデジタル化されていないレース速報の、本部内の海図にピン留めされるサンバードの位置を確認するのが好きだった。「パパは今この辺にいるのか、あと何日で帰ってくるのだろう」と、ワクワクしながらピンの行方を追っていた。

かおりは、家族の中では比較的達光に連れられてヨットに乗る機会が多く、子どもの頃からスキーや野球観戦、エスビー食品陸上部の応援など、スポーツと縁の深い学生生活を過ごし、大学に入学した時も「山崎の家は体育会以

TOKYO

外認めない」と言われ、ゴルフ部に所属した。幼稚園から青山学院に進んだかおりは、大学進学に際し「自分はすごく恵まれているから、少しでも自分に試練や苦労を与えて強くなりたい」と、一時は受験を志した。しかし、達光はこれに反対「せっかく進む道が用意されているのだから、受験に費やす時間は他に使った方がいい」というのが彼の考えだった。達光はクラシック音楽や絵画鑑賞など、美術や芸術にも造詣が深く、それらのものが人生を豊かに彩るものだと理解していた。娘にも、生涯を通して精神的に豊かになる時間を持ってほしい、時間をそのために費やし自分にとって大切なものを探してほしいと考えていたのかもしれない。

長男の明裕が生まれたのは、ちょうど鳥羽パールレースが始まる直前の昭和41年夏の日。長男の出産というのに、初めての外洋レースを前に気もそぞろ。病室に駆けつけた達光は、短パンにビーチサンダルという出で立ちで、病院のスタッフから「どちら様でしょうか」と聞かれる始末。挙げ句の果て、明裕が生まれた翌日から「ちょうど夏休みなので」と、綾子の視線を背中に受けたまま、レースに参加するためいそいそと鳥羽に向かってしまった。

だからという訳ではないだろうが、明裕はヨットがあまり好きになれなかった。子どもの頃、油壺の別荘で父にヨットを教えられたが、ただ「あのブイをまわってこい」と命令されたり、操作方法を厳しく指導されるばかりで、風を切る心地良さなどヨットの楽しさを知ることができなかった。明裕は達光と同じ暁星小学校入学と同時にサッカーに明け暮れ、対外試合ではサンバード同様に連戦連勝、中学、高校では全国大会に進むほどの結果を残し、上智大学サッカー部では四年次に主将を務めた。「サッカーの方が理にかなっている」というのが、彼がサッカーを選んだ理由だった。

ヨットレースへの情熱が高まるばかりの一方で、達光の頭の中にはいつもビジネスがあった。会社の経営に携わるようになってからは、常に「食とスポーツ」の重要性を考え続け、同時にヨットでビジネスができないかと考え始めた。そして、エスビー食品創業50周年を記念して、小・中学生を対象にした「サンバードスポーツクラブ」と、ヨットの艤装品などを輸入・販売する「サンバードスポーツ」を設立した。「サンバードスポーツクラブ」のコンセプトは、〝For the Rising Generations〟。子どもたちを自然の中に連れ出す役目を担おうと考えたのだ。スキーには三浦雄一郎、ヨットはジューイさんこと福吉信雄と武市俊、野球は荒川博、テニスは渡辺功、この他スケート、水泳、サッカーなど、各種目に当代一流の講師陣を揃えた。アラスカの大自然の中でテント生活する「少年少女アラスカ探検隊」は、当時マスコミも注目する特異なアクティビティーだった。世界的なマラソンランナーである瀬古利彦が所属するエスビー食品陸上部（平成25年廃部）の活躍とともに、「サンバードスポーツクラブ」の活動は、毎年何万人もの小学生が参加、後々著名なプロスポーツ選手やオリンピック選手となる子どもも参加した「S&B杯ちびっこ健康マラソン大会」の開催へと繋がっていく。

達光は、このプロジェクトで食とスポーツを結びつけたいという願いを果たし、同時に一部ヨットの艤装品を取り扱う等、ビジネスとしてのヨットにも力を入れ始めた。

「サンバードスポーツクラブ」のスタッフには、達光の早稲田ヨット部以来の盟友・武村洋一や、ニュージーランドから来日し、サンバードのクルーとして乗り組んでいたロバート・フライの顔もあった。

親友、石原裕次郎

この頃達光には、ともすれば家族よりも長い時間を共に過ごす友だちがいた。俳優の石原裕次郎である。二人は、ヨットという共通の趣味をきっかけに、真の友情で結ばれた親友だった。裕次郎の〈コンテッサ〉と達光の〈サンバード〉で走り合わせる日もあれば、裕次郎がサンバードに乗り組み、裕次郎の兄・慎太郎（コンテッサのオーナー）から「裕次郎、お前どこの船に乗ってんだ！」と怒鳴られる日もあった。陸に上がれば、暇さえあれば一緒に酒を飲んだ。夕方の6時頃から朝までが当たり前。息子の明裕が高校生の頃のある金曜日、夕方家に帰ると裕次郎が遊びに来ていた。翌朝起きても酒盛りは続いており、それは明裕がサッカーの練習を終えて夕方帰宅してもまだ終わっていなかった。二人はよく赤坂東急ホテル（令和5年閉館）のバーで会っていた。店の営業が終わってしまい、明裕が車で迎えに行くこともしばしばだった。

親友同士の酒の席に綾子が同席することも多かった。綾子の記憶では、裕次郎は流しが来ても決して自分の歌を歌うことはなかったが、他人の曲はよく歌い、「岸壁の母」は十八番の一つだった。あの頃裕次郎の妻のまき子は達光を恨んでいたのではと、綾子は回想する。裕次郎が体の不調を訴え静養していても、達光がすぐにヨットや酒に引っ張り出してしまうからだ。部屋で大人しくしているのが面白くない裕次郎も、達光の誘いを渡りに船と、すぐに出かけていった。あんなにも仲良くなれるのは素晴らしいという思いから、綾子は当人たちを前に「あなたたちまるで恋人同士みたいね」と、半ば呆れるように言ったことがある。

子どものいなかった裕次郎は、達光の子どもを我が子のように可愛がった。ある日酔って帰宅した達光は、飼い犬の紀州犬を追いかけ回したりボールをぶつけたりと、可愛がり方が度を越していた。娘のかおりは、裕次郎に電話をかけて父への苦情を訴えた。裕次郎は達光に「たっちゃんやめなよ、大人げない」とたしなめた。かおりが大学受験をするか悩んでいたとき、裕次郎は「かおりは自分が恵まれているから少しでも自分に試練や苦労を与えたいって言うけれど、苦労しなくて良いなら、それに越したことはないんだよ。いやでも苦労しなくちゃいけない時もあるからね。だから無理をして自分から苦労する必要はないから、よく考えてね」と声をかけた。達光が文京区小日

向の家を建て替えたとき、裕次郎は成城の自分の家を建てた工務店を紹介し、自ら山崎邸の設計に関わった。かおりはこの時高校生だったが「たっちゃん、将来かおりが嫁に行く時は綺麗な家から出してやれよ」と申し出たのだ。小日向の家には、ヨットをイメージさせるデザインなど、裕次郎のアイデアが随所に散りばめられていた。家の建て替えで山崎家が広尾のタウンハウスに仮住まいしていたとき、奥の棟にはまだ石原プロに所属したての舘ひろしが住んでいた。仮住まいを訪れて達光と酒を飲んでいた裕次郎は「今から舘の家に行こう」と、前触れなく訪れた。突然の社長の急襲に、驚かされた舘だった。

裕次郎が病に倒れたとき、達光は我が事のように悲しんだ。ある日裕次郎は、入院先の慶應義塾大学病院から達光の会社に電話をかけたが、生憎達光は会議中で、電話を受けた秘書はこれを取り次がなかった。これが裕次郎と達光が会話できる最後のチャンスだった。大学を卒業して出版社に勤めていたかおりは、自分が携わった初めての書籍を見てもらいたいと、裕次郎を見舞った。

恐らく直接会うことはできないだろうと思い、病院にいた石原プロのスタッフに「これ、おじちゃまに渡してください」と頼んだが、意外にも病室に入れてもらうことができた。裕次郎はベッドの上に体を起こし、かおりが手がけた幼児向けの雑誌を嬉しそうにゆっくりめくりながら「これからも頑張りなさいよ」と優しく声をかけた。山崎家の人間としては、これが生前の石原裕次郎と直接話すことのできた最期となった。

裕次郎の訃報を聞いたその夜、達光が初めて息子の前でこらえきれずに流した大粒の涙を、明裕は鮮明に覚えている。

第3章
銀杯の虜になる

昭和60年のある日、二人の男性がエスビー食品の達光の執務室を訪ねていた。男の名前は、大儀見薫と二宮隆雄。大儀見は、西武百貨店取締役でありながら、日本外洋帆走協会の副会長を務め、自らも〈波切大王〉のオーナーとして後に昭和62年のメルボルン‐大坂ダブルハンドヨットレースで優勝するなど、筋金入りのセーラーだ。二宮は、海洋時代小説家として執筆活動を続ける傍ら、彼もまた全日本選手権15回優勝、世界選手権に10回出場した日本でも有数のセーラーである。二人の用件は、他でもなかった。

「アメリカズカップに挑戦しませんか？」

二宮は革のノートを携え、そこにびっしりと書き込まれたアメリカズカップに関する情報を熱心に説明した。達光は大儀見と二宮の話に注意深く耳を傾け、時折大きく首を縦に振りながらも、自分からは口を開こうとしなかった。何故か二人の話が他人事のように聞こえていた。それを我が事として考えることは、まだできなかった。

この二年前、世界のヨットレース界では、天地を揺るがすような大事件が起きていた。昭和58年、ヨットレースの最高峰、至高の銀杯と呼ばれるアメリカズカップで、130余年にわたりカップを保持してきたアメリカが初めて敗れ、オーストラリアが勝利したのだ。ニューヨーク・ヨットクラブのカッププルームから出ることのないものと思われていた銀杯は、はるか赤道を越えて南半球へと移動した。大儀見はこれに衝撃を受けたと同時に、我が国も無関係でいることはできないと考え始めていた。一方、この時すでに日本からベンガルベイチャレンジという別組織がアメリカズカップへの挑戦を表明していたが、二宮はこの組織の危うさを危惧し、正式な日本を代表するシンジケートが挑戦するべきだと、いてもたってもいられない思いだった。

達光ももちろん、オーストラリアの勝利という事実に大いに衝撃を受けていた。アメリカズカップが他国に渡った。歴史が動いた。カップはこのままオーストラリアが保持し続けるのか、それともアメリカがすぐに奪還するのか、あるいは他の国が。しかし、達光はまだアメリカズカップを見たことすらなく、それを争う規格艇である12メートル級のヨットは日本にはまだなかった。それはまだ、あまりにも遠すぎる存在だった。まかり間違えて日本から挑戦することになっても、挑戦するまでに10年、勝利するまでに20年はかかるだろうと考えていた。

達光の執務室での検討会は、その後毎週のように続けられた。メンバーには、当時NHK「ニュースセンター9時」のキャスターを務めていた木村太郎が加わった。木村も、アメリカズカップの魔力に吸い寄せられたセーラーの一人だった。達光、大儀見、木村の議論はおよそ半年に及んだ。どんな組織を作ればいいのか？　資金は一体いくらかかる？　日本には12メートル級のヨットを作る技術があるのか？　セールはどうする、マストは？　それを乗りこなすクルーはいるのか？　マッチレースの経験不足は補えるか？　一体どこから手をつけていいのかすらわからない。達光は後に「この頃は、否定的な考えしか浮かんでこなかった。当時の私は臆病者だった」と語っている。

達光はある日親友の石原裕次郎と酒を飲みながら、アメリカズカップの話を持ち出した。裕次郎は「たっちゃん、アレはダメだよ、やめときな」と達光をいさめるように言った。一流の人物だからこそ、アメリカズカップの底知れぬ恐ろしさをよく理解しているからこその言葉だった。

嘉永4年（1851年）、日本に黒船が来航するより二年前、イギリス・ロンドンで第1回万国博覧会が開催された。当時イギリス＝大英帝国は、ヴィクトリア女王の艦隊が七つの海を駆けめぐり、支配する地域のどこかは陽光の下にあることから「太陽の沈まない国」と呼ばれた。イギリスの国力の強さは、工業力もさることながら、その海運力にあった。海を制する者が世界を制する。その力を示威するべく、万博の祝典として、ロイヤル・ヨット・スコードロンの主催によりワイト島一周ヨットレースが開催された。このレースに、14艇のイギリス艇に交じって、当時新興国だったアメリカからただ一艇〈アメリカ〉号が参加した。イギリスにしてみれば、新参者のアメリカに、海洋国イギリスの造船術や操船術の高さを顕示する場になるはずだった。しかしながら、レースを観戦していたヴィクトリア女王の耳に入ったのは、〈アメリカ〉号が1位でフィニッシュしたという報だった。女王はそばにいた侍従に「2

位は？」と尋ねられた。侍従の答えは、〝Your majesty, there is no second〟（女王陛下、2位はございません）。〈アメリカ〉号の圧倒的な快速ぶりに、2位のヨットは見えないほど遠く引き離されていた。後にこの言葉は、闘いの結果には勝者と敗者しかなく、栄光を手にするのはただ勝者のみであるという、アメリカズカップの精神を示す言葉として語り継がれていく。そしてこの敗北は、イギリスにとって拭いがたい屈辱として残った。

アメリカは、ヴィクトリア女王から下賜された銀製の水差し状のカップを自国に持ち帰った。以来、このカップは〈アメリカ〉号のカップ、すなわち〝アメリカズカップ〟と呼ばれることとなった。その後〈アメリカ〉号のオーナーたちは「国際間の友好的な競技のための永続的なカップ」、また「カップの保持者は、いかなる国の挑戦も受けねばならない」と記した贈与証書（Deed of gift）とともに、このカップをニューヨーク・ヨットクラブ（ＮＹＹＣ）に寄贈した。これに基づき明治3年（１８７０年）、イギリスのロイヤル・テームズ・ヨットクラブが〈カンブリア〉でＮＹＹＣに挑戦したが、あえなく敗退。

これが第1回「アメリカズカップ」である。以来およそ130年間、世界のヨットマンは技術の粋を結集し、アメリカズカップへの挑戦を続けてきたが、カップがNYYCの台座から外されることはなかった。挑戦者の中には、イギリスの紅茶王、サー・トーマス・リプトンがいる。リプトン卿はおよそ20年にわたり、名艇〈シャムロック〉で五度の挑戦を果たしたが、いずれもNYYCに退けられた。リプトン卿が挑戦に費やした費用は百万ポンド（現在の価値で一千億円以上）に上るとも言われ、卿自身も「カップへの挑戦は、底なしのバケツに金を放り込んでいるようなものだ」とこぼしたという。

時を経て、昭和58年の第25回アメリカズカップ。アラン・ボンドが率いる〈オーストラリアII〉が、アメリカのヒーローであるデニス・コナーの〈リバティ〉を破って、130余年の歴史上初めてカップをアメリカ国外に持ち出した。この時、当時のボブ・ホーク首相は歓喜のあまり「この日をオーストラリアの国民の休日にしよう」と言った。一方、負けたデニス・コナーは〝カップ・ルーザー〞、カップを失った最初のアメリカ人として、アメリカ中からの非難に晒されることとなった。

達光が挑もうとしていたのは、そんな世界だった。

至高の銀杯　© 添畑 薫／PHOTOWAVE

昭和58年に、達光は〈ミス・サンバード〉から数えて五代目のヨットとなる、ヤマハの41フィートを購入した。艇の名前は〈スーパーサンバード〉。早速、その年の第1回目となる「全日本熱海オフショアチャンピオンシリーズ」(現在のジャパンカップ)に参戦し、総合優勝を飾った。満足のいく結果に気を良くし、次のレースを探した。クルーに相談すると、〈スーパーサンバード〉は上り(風上への帆走)よりも、フリー(風下への帆走)が速い、フリーが速いならトランスパック(トランスパシフィックレース)をやろうじゃないか、と誰からともなく言い始めた。トランスパックは、ロサンゼルス沖からハワイのダイヤモンドヘッドまで、2225マイルを走る長距離レースで、80年以上の歴史と伝統を持つ。レースの中盤から後半は、貿易風帯の中を追い風用のスピンネーカーをあげて、大きなうねりの中をサーフィングしながら豪快に走るレースだ。〈スーパーサンバード〉は、昭和60年のトランスパックに参戦、レースの結果は8位で、海外からエントリーした中で最上位のインターナショナルトロフィーズを獲得した。

　レースの後、達光の人生を変えたと言ってもいいかもしれない、ある出会いがあった。フィニッシュ後にハワイのホテルでのんびりくつろいでいると、二年前のアメリカズカップでオーストラリアに負けたアメリカのスキッパー、ミスター・アメリカズカップと呼ばれたデニス・コナーが練習しているという。達光は、興味本位で〈スーパーサンバード〉でその海面に行ってみた。コナーの艇〈スターズ＆ストライプス〉は12メーター級で、水線長はおよそ70フィートあり、41フィートの〈スーパーサンバード〉が大きさ、強度、パワー共に適うはずがないが、遠巻きに走り合わせてみると、意外にも互角に走っているように感じた。「これは案外戦えるかもしれない」。この時から、達光の思考が少し変わってきた。

　ある日、達光は〈スーパーサンバード〉を購入した縁で、ヤマハ発動機常務取締役の小宮功と会食していた。とりとめのない話から、話題はアメリカズカップへ、そしてハワイでのエピソードを披露した達光に、小宮は「うちの江口に会ってみてはいかがですか」と勧めた。当時のヤマハ発動機社長の江口秀人は、テレビでアメリカズカップを観戦し、急きょ取締役会を開催、ヤマハ発動機がアメリカズカップにどう関わることができるかリサーチするよう指示を出していた。江口は、ヤマハ発動機がアメリカズカップのレース艇の建造を担うことで、最先端の造船技術をアピールすることができるし、それぞれの分野であらゆる新技術に接する機会を持つことができるのでは、と考えていた。その後すぐに江口と達光の会見の場が設けられた。二人はすぐに意気投合、ヤマハ発動機とエスビー食品のジョイントにより、アメリカズカップ挑戦への第一歩が踏み出された。ヤマハ発動機というパートナーを得たことは、達光にとって千人力どころではない、頭の中でぼんやりしていた何かが、具体的な形を作り始めた。

そして昭和62年1月10日、東京・品川のパシフィックホテル「オパールルーム」のテーブルの片側には、エスビー食品側として達光、大儀見、木村の姿、もう一方にはヤマハ発動機側として江口、小宮、またヤマハのマリン製品開発の先駆者と呼ばれた堀内浩太郎の姿があった。資金や財政、挑戦母体、艇の建造、クルーの人選など様々な問題を抱え、どうすればいいかわからないことだらけの中「やるだけやってみようじゃないか」という結論に達した。アメリカズカップへの挑戦という、歴史的な合意がなされた瞬間だった。後に「ニッポンチャレンジアメリカ杯」と命名される、アジアから初めてのアメリカズカップ挑戦シンジケートの誕生である。

家族

達光には、アメリカズカップに挑むにあたり、まずはやらなければならないことがあった。家族の説得である。達光は、オーストラリアがアメリカに勝ったときのビデオを家に持ち帰り、家族に見せた。アラン・ボンドが勝利後、〈オーストラリアII〉のキール（ヨットの船底に配置された部材、艇のスピードに大きな影響を及ぼす）を公開する模様や、オーストラリア国民が歓喜する様子は、アメリカズカップのスケール感や大会の高揚感をよく伝えていた。アメリカズカップの予選に当たる挑戦艇選抜シリーズにはルイ・ヴィトン社がスポンサーに付いており、ルイ・ヴィトンカップと名付けられていた。レースが始まれば、毎晩ルイ・ヴィトン主催のパーティーがあるんだなどと話し、家族の興味を引いて見せた。事実、後の第28回大会のルイ・ヴィトンパーティーは、アメリカ・サンディエゴの港で、アメリカ海軍の空母キティホークを借り切って行われた。約二千人のクルーやスタッフが全員招待され、そのスケールの違いにニッポンチャレンジスタッフは皆圧倒された。

綾子は、子どもたちより少し早く達光の思いを聞いていたが、初めのうちはあまり本気にしていなかった。それほどヨットに詳しくない綾子ですら、他のレースとアメリカズカップとの規模の違いくらいは理解できたからだ。しかしながら、達光の心が徐々に動き出し、アメリカズカップへの挑戦を決めようとするとき､綾子は一つの条件を出した。それは､会社かアメリカズカップか、どちらか一つにすること。食品会社という、社会的にも多くの責任を背負っている企業の社長の仕事と、アメリカズカップへの挑戦という一大プロジェクトの舵取りを、二足のわらじでこなすことは不可能だと思った。達光の最終的な判断は、アメリカズカップをやる、そしてエスビー食品の社長は弟の勝に譲る、というものだった。「あなたは本当にそれでいいのね？」綾子は何度も確認したが、一度決めた決断を、達光が覆すことはなかった。

結婚を控えていた長女のかおりは、達光に「オレが社長辞めちゃうと、お前は結婚式のときに社長令嬢じゃなくなっちゃうんだけど、いいか？」と尋ねられた。父はそんなことを気にしていたのかと、むしろ意外に思ったが、かおりは「そんなのゼンゼンいいわよ」と、父の背中を押した。正直なところ、ヨットにさほど興味のないかおりは、アメリカズカップが何なのか、それに挑戦するというのはどういうことなのか、まだあまりわかっていなかったが、何しろ父がこれほどまでにのめり込むのは、よほど何か大きな魅力があるのだろうと、父を応援したい気持ちだった。今でもかおりは、父はアメリカズカップをやって本当に良かったと思っている。挑戦を通じて出会えた人びと、父の志を理解し応援してくれた大勢の支援者たち、共に戦い抜いた勇敢な仲間たち、いずれも父の人生を彩る素晴らしいものの数々だ。

長男の明裕は、姉とは少し違った見方をしていた。明裕が大学を卒業して、大手銀行に六年勤めた後エスビー食品に入社した時、達光はすでに社長を退いて会長の職にあり、会社の経営よりもアメリカズカップに没頭していた。明裕は、創業者の孫として、また三代目社長の長男として、自分も会社の中枢で思う存分働く準備を進めていた。しかし、明裕の叔父にあたる勝が社長を務める会社は、達光が勝に任せすぎてしまった結果、思っていたのとは少し勝手が違っていて、必ずしもフォローの風だけが吹いているわけではなかった。達光のアメリカズカップ挑戦をよく理解せず、道楽程度に扱う社内の無言の雰囲気を感じることや、同じ食品業界のニッポンチャレンジ支援企業のある幹部から「高い協賛だ」と嫌味を言われることもあった。会社の経営か、アメリカズカップか。アメリカズカップを選んだら、息子の立場はどうなるのか。その点をもう少し考慮していてくれたら。今になって父に対して言いたいことは山ほどあるが、一方で当時の自分が父の挑戦に対する周囲の好意と敵意を早くから冷静に受け止め、もっと賢く立ち回ることができていたら、とも思うのだ。後年達光は「明裕には悪いことをした」と口にしている。母の綾子もこれには同意見で、明裕が会社の中で苦労するのを見るたび、達光を少し恨めしくさえ思った。とは言え明裕の、アジアから初めてアメリカズカップへの挑戦を果たそうとする父を誇りに思う気持ちや、それを応援したい気持ちは、他の二人の家族にも負けていなかった。

ともあれ、達光のアメリカズカップ挑戦は、確実に動き出していた。

始動

ホテル・パシフィックでの会合の後、木村太郎は旧知の仲であった、ゲーリー・ジョブソンを日本に招いた。ジョブソンは、かつてアメリカズカップでテッド・ターナーの駆る〈カレイジャス〉の主要クルーとしてアメリカを防衛に導いた凄腕のセーラーで、かつスポーツ専門局ＥＳＰＮのキャスターとしても知られていた。アメリカズカップ挑戦への助言を求めた達光と木村の前でジョブソンは「一つ忠告するならば、やめた方がいい。その厳しさはあなた方に想像できないものだ。しかしながら、もし勝つことができれば驚くべき報酬を手にするだろう」と述べた。厳しい言葉の後で、ジョブソンは達光がやるべき事柄を一つずつ紐解いていった。

こうして、昭和62年4月17日、アジアからはじめてアメリカズカップに挑戦するシンジケート「ニッポンチャレンジアメリカ杯1991委員会」が発足した。シンジケートの委員長（後に会長）には達光が、副委員長（後に副会長）にはヤマハ発動機の江口秀人が就任した。アメリカズカップ挑戦に必要な要素は三つ。〈ヒト〉〈モノ〉〈カネ〉である。

最初の支援

〈カネ〉、すなわち資金集めは、主に達光と木村が奔走した。達光は、アメリカズカップへの挑戦を、ただのヨットレースへの参加とは考えていなかった。日本の海洋文化を守り、残すための戦いだ、と。達光らは、木村が制作したアメリカズカップのビデオを持って、数え切れない企業を訪ねてまわった。ある日、達光と江口と木村の三人で、住友海上火災保険（現・三井住友海上火災保険）社長の徳増須磨夫を訪ねた。徳増は、ビデオを見終わるのも待たず「あなたたちの話がつまらない話の訳がない。恐らくこれから日本がやるべき事のためにいらしたのでしょう。当社でできる範囲のことはお手伝いします」と、即決で支援を決めた。徳増は、最後まで山崎の挑戦を全力で支援した一人だった。三度目の挑戦、第30回大会の挑戦艇のフラッグに掲げられた「正正堂堂」の文字は、徳増から贈られたものだった。この他三洋証券（当時）の社長、土屋陽一も支援を決めてくれて、エスビー食品とヤマハ発動機と合わせて四社の支援を受けて、ニッポンチャレンジはスタートした。スポンサーの数は、第28回大会開始時に30社、加えて素材や技術、サービス等を提供してくれるサプライヤー38社が名を揃えた。

新しいルール

続く〈モノ〉。これは挑戦艇の開発・建造を指す。アメリカズカップには、挑戦する艇は自国で設計、建造するというルールがある。開発の責任者には、大阪大学名誉教授で造船学者の野本謙作が指名された。野本は、ヤマハ発動機の蒲谷勝治、マリンデザインシステムの横山一郎らをメンバーとする技術委員会を立ち上げ、艇の研究開発をスタートさせた。この頃、アメリカズカップのルール変更があり、使用艇が12メーター級から国際アメリカズカップ級（IACC）に変更された。シンジケート間によるIACCの仕様決定の議論の場でも、野本は大いに存在感を示した。こうしてニッポンチャレンジは、最初の挑戦までに三艇のIACC艇、〈JPN－3〉〈JPN－6〉〈JPN－26〉を建造した。

ベースキャンプさがし

ベースキャンプの候補地には、当初三浦半島にある三崎港の名前が挙がっていた。しかし、ゲーリー・ジョブソンの紹介で日本にやって来たベースキャンプづくりの名人アーサー・ウォルシュレガーは、狭すぎる、出入りする漁船の数が多すぎる等の理由から、三崎港にベースキャンプを作ることはできないという結論を出した。アーサーは、三崎港に代わる用地を探しに相模湾から駿河湾、三河湾と、太平洋沿岸を探して西下した。戻ってきたアーサーの口から出た言葉は「ギャマゴーリーがいいよ」だった。愛知県蒲郡市は、東海道新幹線豊橋駅から東海道本線で五駅、三河湾に面した風光明媚な地方都市で、折から港湾地区の再開発が進められており、港の中心部の竹島埠頭の一角にベースキャンプが設立されることが決まった。その後、蒲郡市は、歴代の市長の支援を得、町おこしの活動との連動も相まって、ニッポンチャレンジの大いなる理解者となった。資金の面でも、市の予算を集約した蒲郡基地協力会を設立するなど、ニッポンチャレンジを最後まで文字通り市を挙げて支えてくれた。

地獄の浜名湖合宿

最後の〈ヒト〉。コアとなるクルーには、当時日本のトップセーラーから選りすぐりのメンバー、南波誠、小松一憲らが名を連ねた。その他のクルーは、一般公募で募集された。応募者の数は250人にものぼり、テストの結果、その中から17名が選定された。地獄の浜名湖合宿を耐え抜いた松原仁、原健等の新人クルーは、後に「三ヶ日組」と呼ばれ、アメリカズカップの舞台を堂々と戦い抜く一流のセーラーへと育っていった。当初ゲーリー・ジョブソンに紹介されたアメリカ人スタッフがコーチに付いたが、折り合いが悪く、コーチはニュージーランドから招くことになった。やって来たのは、ロイ・ディクソンとクリス・ディクソン親子。クリスは、マッチレース世界ランキング・ナンバーワンのセーラーであり、昭和62年フリーマントルで行われた第26回アメリカズカップでニュージーランドの最年少スキッパーとして、世界的に名が知られていた。そのクリスがニッポンチャレンジの最初のスキッパーとなって、挑戦艇の舵を握ることとなった。

名参謀参画

この他、陸上スタッフも次々集められた。

セールデザイナーは、ロイ・ディクソンの強い希望もあり、菊池誠が招聘された。当時ダイヤモンドセールを立ち上げたばかりの菊池はこのオファーを一度断っていたが、会社の事業が軌道に乗り始めたのを見届けて、ニッポンチャレンジへの合流を決めた。菊池は、セールデザインの他、ベースキャンプのマネージャーや、三回目の挑戦時にはセーリングチームとテクニカルチームの扇の要にあたるオペレーション・ディレクターなど、常に達光の右腕としてチームの重職を担った。

達光と菊池の出会いは、ハワイのワイキキだった。菊池はそれより以前、昭和53年のクォータートンカップに参戦して優勝したが、この時のレース委員長が達光だった。それ以来面識はあったものの、初めて言葉を交わしたのは61年のケンウッドカップ。菊池は依頼を受けたセールの納品に、〈スーパーサンバード〉の達光を訪ねた。その夜、菊池が街のディスコで見かけた達光は、上下白の出で立ちで、ブラックライトを浴びて大層目立っていた。まだ早い時間の閑散とした店内で「おい菊池、オンナいねえなあ」「山崎さん、オンナと言うより、まだ誰も来てないですよ」。以来二人はさまざまな場面でよく話し、よく酒を飲み、信頼関係を深めていった。達光は三度の挑戦を通じ、重要な決定の際には必ず菊池に相談した。

後年は家族ぐるみでオーストラリアへゴルフ旅行に行くなど、二人は戦友であり、友人だった。菊池は「会長は革新的なことが大好きで、新しい試みは全てチャレンジさせてくれた。金集めは自分の仕事だからと、現場はやりたいようにやらせてもらえた。リーダーのあるべき姿だった。自分にとって恩人」と当時を回想する。

ジェットコースターの日々

PRスタッフには、サンバードスポーツクラブでスキーを教えていた三浦雄一郎の長女、三浦恵美里がアサインされた。ある日恵美里は、弟の雄大と、彼のコーチであるスコット・サンチェスを連れて、エスビー食品の達光を訪れた。この時雄大は、アルペンスキーの強化選手として、カルガリーオリンピックを目指していた。エスビー食品は雄大を支援していて、この日はコーチのスコットを伴っての挨拶のための訪問だった。達光は、本来の用件もそこそこに、アメリカズカップのビデオを恵美里に見せ、その魅力について滔々と語り出した。ぽかんとするスコットと雄大を尻目に、達光は「このプロジェクトでは海外との交渉が極めて重要となる。スポーツをよく知っていて英語ができる女性を探している。恵美里頼む、オレと一緒にやってくれ」。あまりにも唐突な申し出だったが、恵美里にはほぼ悩む時間すら与えられず、すぐに「太郎さん（木村太郎）に会いに行け」と言われた。「ニュースセンター9時」の始まる前の短い時間に恵美里は木村と面接、木村から「すぐにニューヨークに行って、ゲーリー・ジョブソンに会いなさい。ゲーリーに紹介状を書いてもらって、ニューヨーク・ヨットクラブ（NYYC）でアメリカズカップについてリサーチしてくるように」と指示された。訳もわからぬままニューヨークに飛び、どうにかNYYCに辿り着いた恵美里は、四日間そこのライブラリーに閉じこもり、全ての資料に目を通した。

次に彼女は、その足でイタリアに飛んだ。イタリアのサルデーニャ島では、アメリカズカップの前哨戦にあたる12メーター級の世界選手権が開催されていた。この地でシンジケート副代表の江口秀人、事務局長の高木孝夫と合流し、ニッポンチャレンジとして初めてアメリカズカップ参戦表明の記者発表を行った。

帰国後、今度は日本のエントリークラブである日本外洋帆走協会（ＮＯＲＣ）の代表である大儀見薫から、サンディエゴ・ヨットクラブ宛ての正式な挑戦状を作成し、手続きを始めるよう指示を受けた。弟の雄大とエスビー食品を訪れてから、ここまでおよそ四ヶ月の間の出来事である。恵美里は後に、この時期が本当の意味でニッポンチャレンジの導火線に火が点いたときだったと回想する。役者が揃い、あとはスイッチを押すだけの状態のとき、恵美里の参画でチームが前へと動き始めたのだ。

Gentlemen and Emili

アメリカズカップは、国対抗のレースに見えるが、その実体はヨットクラブ対抗のレースである。このヨットクラブというものが、日本人には今ひとつピンとこない存在だった。欧米では、多くのヨットクラブは数十年、場合によっては百年以上の歴史を持ち、その地域の社会や文化の一部としての機能を持つ。伝統を重んじる傾向があり、メンバー同士の社交の場として重要な役割を果たしている。これは、日本にはない、欧米の独特な文化と言える。

ある日恵美里は、ロンドンのロイヤル・テームズ・ヨットクラブ（ＲＴＹＣ）で開催されるチャレンジャー会議に出席した。歴史と伝統が何よりも重んじられ、ともすれば排他的な空間であるヨットクラブの、その中でも最も格調高い場所での会議だった。多くの場合、欧米の会議やパーティーの開式には、司会から〝Ladies and gentlemen.〟と声がかかる。日本語に訳せば、「親愛なる紳士淑女の皆さん」と言ったところだ。しかし、１５０年来、アメリカズカップ挑戦クラブの代表者たちは白人男性が占めており、またＲＴＹＣ

での会議は「女人禁制」のシガールームで行われていたため、この開式の挨拶も〝Gentlemen.〟の一言で済ませるのが通例だった。が、この日の司会者は〝Gentlemen〟の後に一拍おいて、恵美里に視線を向けながら〝and Emili.〟と微笑んだ。恵美里の存在が極めて異例だったこと、遠い極東の国から単身乗り込んできた日本人の女性に対する、最大限の敬意だった。

挑戦

初挑戦

平成4年1月25日。サンディエゴの海は快晴、波も穏やかだった。第28回アメリカズカップ挑戦艇選抜シリーズルイ・ヴィトンカップ、ラウンドロビン（RR）1第1戦。いよいよニッポンチャレンジがアメリカズカップの舞台でデビューを果たす。初戦の相手はスウェーデンの〈トレ・クロン〉。下馬評ではニッポンチャレンジより格下の相手だが、アメリカズカップでは何が起きるか分からず、達光もクルーもスタッフも皆、緊張を隠せずにいた。スタートでは〈トレ・クロン〉が有利な位置を押さえたが、吹き上がるシーブリーズ（海から陸に吹く風）に乗って〈ニッポン〉が徐々にスピードを上げる。結果、一つ前の組でスタートしたスペインまで抜き去り、ニッポンチャレンジは初戦を3分30秒差の大勝利で終えた。アメリカズカップへの挑戦を意識し始めた昭和60年からおよそ七年間、ヒト、モノ、カネすべての面で十分過ぎるほどの準備をしてきた達光とニッポンチャレンジだったが、流石に本当に勝てるのか、アメリカズカップで通用するのかは、やってみなければ分からなかった。この夜、山崎夫妻は木村太郎夫妻とサンディエゴの寿司屋で小さな宴を持ったが、気付けば達光はカウンターで寿司とウイスキーを前に居眠りしていた。これまでそのような姿を見せることのなかった達光も、この日ばかりは初戦を迎えた緊張と不安、チェアマンとして一身に背負ってきた重圧から解きほぐされ、ほんの短い休息の時間を得ていた。

この後ニッポンチャレンジは、RR1を6勝1敗、RR2を5勝2敗、RR3を7戦全勝と快進撃、通算単独首位というこの上ない成績で予選を終えた。しかし、迎えたセミファイナルでは、観覧艇との接触、ラダー（船の向きを変えるための板）の故障、相手艇との衝突などのトラブルが続出。イタリア戦ではレース中にブーム（メインセールの下部を支える棒材）が折れるという大トラブルに見舞われ、その翌日のニュージーランド戦を落とし、ニッポンチャレンジのファイナルへの道は絶たれた。最終戦となったフランス戦の前夜、達光の指示により菊池が作成したスピンネーカー（追い風用のパラシュート状のセール）には〝SAYONARA〟の文字が翻った。アメリカズカップという夢の舞台にデビューし、敗れ去ることにはなったが、ここで戦ったチャレンジャーたちへの感謝の気持ちと、必ずまたここに帰ってくるという思いを込めた演出だった。

二度目の挑戦

第28回大会の敗戦から帰国後、達光にはスポンサーへの報告行脚が待っていた。支援してくれた企業の多くは「ここでやめてはいけない、次回も挑戦するべきだ」と、達光を奮い立たせてくれた。達光の決断は早かった。すぐに艇の開発責任者に横山一郎、スキッパーには南波誠を指名する等、早々に新たなシンジケートの構築に着手した。しかしながら、この二回目の挑戦で達光はいくつかの逆風に悩まされることとなる。新たに建造した〈JPN−30〉のパフォーマンスが思うように上がらず、横山一郎、東京大学教授（当時）の宮田秀明等と議論の結果、艇を三つに切り離すという荒治療を行った。やるしかない、という判断で行った処置だったが、やはりいろいろと無理が生じ、結局〈JPN−30〉は思うような走りを見せてくれなかった。

世界ナンバー1マッチレーサーのクリス・ディクソンを欠き、スキッパーには南波を指名したものの、実際に舵を持つヘルムスマンには、ニュージーランド人のジョン・カトラーを充てる等、中途半端な人材配置となった。

資金集めにおいては、バブル経済の崩壊により、前回のような調達はできなくなっていた。〈ニッポン〉のメインセールにはオフィシャルスポンサー用のロゴのスペースが九つ用意されていたが、残りの一社が最後まで決まらず、そこが空白のままレースに出ざるを得なかった。

こうして準備不足の感が否めないまま、平成7年1月、第29回アメリカズカップ挑戦艇選抜シリーズルイ・ヴィトンカップが開幕した。結果は、前回同様セミファイナルまでは進出したものの、そこでまさかの11連敗を喫し、ニッポンチャレンジは完全燃焼にはほど遠い形でその幕切れを迎えた。この年のサンディエゴの天候はエルニーニョ現象の影響を受け、15年に一度の異常気象と言われ、予測した風が吹かず、レース日程も急きょ変更されるなど、実力を発揮できない環境だったが、それは言い訳にならなかった。ベースキャンプの雰囲気も悪く、達光もレース後の反省会で声を荒げたりテーブルを蹴飛ばしたり、感情を制御できない日も多くあった。達光は二度目の挑戦を決めた時の心情について「スポーツマンとして最悪の発想だった。もう一度やれば勝てるだろう、マラソンランナーに例えれば、今回2時間10分で走れたから、次回は2時間9分で走れると、根拠なく思い込んでしまった」と反省している。アメリカズカップはそんなものじゃないということを思い知らされる結果となった。

三度目の正直

帰国後、二度目となる敗戦報告。厳しい声を覚悟していた達光に、多くの支援者たちは「ここでやめてはいけない、挑戦の火を絶やしてはいけない」と、力強い言葉をかけた。今度こそ。深く悩み考え抜いた末、達光は平成7年10月、ニッポンチャレンジアメリカ杯2000を発足させた。

過去二回の敗戦は、ニッポンチャレンジに多くの教訓を与えていた。前回、セーリングチームとテクニカルチームが一枚岩になれなかったことが敗因の一つと考え、参謀・菊池誠をオペレーション・ディレクターに据え、技術陣とセーラー陣の一体化を図った。スキッパーには前回大会からコーチとして参画していたピーター・ギルモアが迎えられた。ピーターは「自分が日本人になる」と宣言し、生まれたばかりの子どもも一緒に家族全員で来日した。艇の設計開発には、東京大学教授の宮田秀明を中心に、アメリカズカップ技術開発委員会（ACテック）が編成された。ACテックの会議には菊池、ピーターも毎回のように出席し、技術陣から提供されるデータからのアプローチと、セーラーの感覚からのアプローチをすり合わせていった。また、これまで艇の建造はヤマハ発動機に委託していたが、今回は石川島播磨重工業（現ＩＨＩ）の横浜工場を借りて、ニッポンチャレンジビルディングチームが自ら建造した。セーリング・ディレクター、ピーター・ギルモア。テクニカル・ディレクター、宮田秀明。オペレーション・ディレクター、菊池誠。達光を頂点に、三人のプロフェッショナルがつくり出す三角錐状のマネジメント体制に、キャンペーン・ディレクター、三浦恵美里、ベースキャンプ・マネージャー、鷲尾猛、セクレタリー、武村洋一ら、達光の長年の相棒達が脇を固め、過去最強のシンジケートが始動した。

弔い

新体制も無事動き出し、日々忙しく過ごす達光の耳に、信じたくないニュースが飛び込んだ。前回大会でスキッパーを務めた南波誠が、大阪市主催のヨットレース「SAIL OSAKA '97」に参加中、室戸岬沖南南東約58キロの地点で、救命胴衣をつけないまま落水し、行方不明という。関係者による必死の捜索もむなしく、南波が発見されることはなかった。平成9年7月19日、南波の母校、京都産業大学の講堂にて開催された偲ぶ会にて達光は、

南波よ
お前がまだどこか南の島の木陰で休んでいるのなら
そろそろ出てきてチームに合流してくれ
もしそうでないのならば
お前が今いる場所から　オレたちにいい風を送ってくれ

と弔辞を送った。次回アメリカズカップは、南波の弔い合戦として、意地でも負けられない戦いとなった。

南波誠（右）と　© 添畑 薫／PHOTOWAVE

いざオークランドへ

第29回大会ではニュージーランドがアメリカを破り、銀杯は再び南半球に移動していた。会場となるニュージーランドは、国民の四人に一人がヨットを所有していると言われるマリン大国だ。ニュージーランド最大の都市、オークランドには11のチャレンジャーが集結した。その中で、三度目の挑戦となるニッポンチャレンジは、もはや東洋からのお客様ではなく、チャレンジャー組織の中でも一目置かれる存在となっていた。新たなる挑戦艇〈JPN－44『阿修羅』〉〈JPN－52『韋駄天』〉も進水し、いよいよニッポンチャレンジの三度目の挑戦がスタートした。

激戦の末

平成11年10月、第30回アメリカズカップ挑戦艇選抜シリーズルイ・ヴィトンカップが、オークランドのハウラキ湾で開幕した。ニッポンチャレンジは、RR1とRR2を『阿修羅』で、RR3を『韋駄天』で戦い、無事セミナファイナル進出を果たした。セミファイナルをどちらの艇で戦うか、チーム内で議論が交わされたが、大方の予想を裏切って、達光が最終的に選んだのは『阿修羅』だった。セミファイナルの初戦は、比較的楽に勝てるだろうと見くびっていたデニス・コナーの〈スターズ・アンド・ストライプス〉戦だったが、〈ニッポン〉はキールの一部に不備が発生し、そのレースを落とした。その後、この初戦の影響が拭い去れず、ニッポンチャレンジは最後まで苦戦することとなった。

セミファイナル終盤のある朝、達光は「今からお前たち全員は、船を少しでも速くする仕事だけをしろ。それをしない者は今すぐ荷物をまとめて日本に帰れ」と、最後の檄を飛ばした。まさに背水の陣、後がない達光にできることは、もうそれくらいしか残っていなかった。そんな思いもむなしく、平成12年1月12日、セミファイナル第9レースアメリカワン戦、第1上マークは『阿修羅』が7秒先行して周り望みを繋ぐが、相手のスキッパー、巧者ポール・ケイヤードに途中で逆転され、最終レグで猛追するも、最後は17秒差で敗戦。

ニッポンチャレンジのファイナル進出の道は、ここで絶たれた。

達光の三度のアメリカズカップ挑戦が幕を閉じた。

戦績は、第28回大会、第29回大会、第30回大会、いずれも挑戦艇選抜シリーズ4位という結果だった。

JPN-30

ツーボートテスト

第 29 回大会 対チーム・ニュージーランド

第 29 回大会

第 30 回大会 進水式

第 30 回大会 記者会見

撤退

セミファイナル敗退が決まった翌日、プラダ・チャレンジとの最後のレースの後、達光は菊池誠と三浦恵美里を会長室に呼び出した。この時、呼び出された二人は奇しくも同じ事を考えていた。それは、ニッポンチャレンジにおける自分の役目はそろそろ終わり、次の世代に譲りたいという思いだった。菊池はぼちぼち自分の会社、ノースセールジャパンに戻って社業に本腰を入れたかったし、恵美里は父・三浦雄一郎のエベレスト挑戦プロジェクトを控えていた。「これでは終われない」という悔しい思いと、「もうやりきった」という清々しい思いがまぜこぜになっていた。一言で言えば、二人とも疲れ切っていたのだ。そんな菊池と恵美里を前に達光は一言「次回もやるぞ」と告げた。その言葉には、達光の13年間の思いが全て詰まっていた。二人は、思いとは裏腹に、同時に「やりましょう」と答えていた。

会長室を出て菊池は「エミリお前なんであんな事言ったんだよ」、恵美里は

「菊池さんこそなんでやりましょうなんて言ったんですか」と、半分笑いながらなじり合った。しかし、彼らにはわかっていた。あの状況で、達光にノーと言える人間などいない。いたら苦労しない、と。この日のルイ・ヴィトン・メディアセンターでの記者会見で、達光は堂々と「私は挑戦を続けます。I will comeback.」と宣言。各国のメディアからは大きな拍手が沸き起こった。

それから四ヶ月後の平成12年5月9日、達光は名古屋市内のホテルで次回アメリカズカップへの挑戦を正式に表明した。名古屋を選んだ理由は、これまで以上により中部財界の支援を頼りたいという思いからだった。そこからわずか二ヶ月後、メディアの元に、ニッポンチャレンジから記者会見の案内状が届いた。記者たちは、次回チームの主要メンバーの発表ではないかと予想した。しかしながら、7月19日、東京・渋谷の岸記念体育会館内にあるスポーツマンクラブで会見に臨んだ達光から発せられたのは、次回大会への挑戦断念だった。挑戦資金確保の見通しがつかないことが、主な理由だった。

第25回大会でオーストラリアのアラン・ボンドが、デニス・コナーを倒して史上初めてカップをアメリカから奪い取った時、達光は歴史が大きく変わるのを感じた。「アメリカ以外の国が勝った。自分たちにもチャンスがあるのだろうか」。しかし、それを現実のものとして考えるには、まだあまりにも遠く感じた。達光は、もしやるとしても、挑戦するまで10年、勝てるまで20年かかるだろうと考えた。実際には、達光がアメリカズカップを意識した1983年から九年後の1992年大会で初挑戦、最後の挑戦が17年後の2000年大会。奇しくも、次回の2003年大会は、達光が「勝てるとしたら20年後」と予想した年である。歴史に「もし」は存在しないが、もし達光が挑戦を続けていたら。

しかし、妻の綾子は、達光のアメリカズカップへの挑戦をこれで終わりにさせたかった。菊池は大会が終わったある日、綾子に呼び出された。「もう終わりにしてやってちょうだい。あの人、もうもたないから」。ニッポンチャレンジ発足から13年、休む間もなく戦い続けた達光の体は、悲鳴を上げ始めていた。

第4章

病と闘う

四度のがん

アメリカズカップへの挑戦を終えた達光と綾子は、レースの翌年久しぶりの息抜きに、アメリカ、カナダを旅行した。アメリカ西海岸で旧友と有名ゴルフコースでプレイした後、カナダ・ウィスラーの別荘に移動し、長女かおりと孫たちと合流した。その日起きてきた達光は、リビングの見渡せる階段の上から朝食中の孫たちに声をかけながら、少し咳き込んだ。かおりは「ちょっと嫌な咳だなあ」と感じ、綾子も「あなた最近全然健診受けてないでしょう。日本に帰ったら受けなきゃだめよ」と厳しく言った。

帰国後すぐの平成13年9月、達光は病院の呼吸器外科で診察を受けた。医師は、病状を肺がんと診断した。10月に左肺下葉切除、リンパ節郭清の手術を受け、その後2クールに渡る化学療法の治療をして、平成14年2月無事退院した。しかし、これは達光のこれから長く続くがんとの闘いの始まりに過ぎなかった。

肺がん治療を終えた四年後の平成18年10月、内視鏡検査で、医師から食道がんの疑いが指摘された。病理検査したところ、早期食道がん（扁平上皮癌、低分化型）と診断された。がん化した部分をレーザー治療した後、担当医の判断で別の病院に転院、11月、放射線治療と化学療法の治療を施すことが決まった。治療は12月から翌1月にかけて、化学療法を二回、放射線治療を23回行った。達光の二度目のがん治療だった。

さらに、この治療中に血尿が出た。初めのうちは原因がわからず経過観察していたが、平成19年のある日、神奈川県の戸塚カントリー倶楽部でゴルフプレーのハーフ休憩時間にまた血尿が出てしまい、残りの9ホールをプレーせずに病院へ直行。尿管鏡検査の結果、尿路上皮がんのグレード1と判定された。達光の三度目のがん治療は、ＢＣＧ治療と呼ばれるものだった。これは膀胱がんや上皮内がんの治療法の一つで、弱毒化した結核菌（ＢＣＧ）を膀胱内に注入する免疫療法である。この治療をこの年の10月から八回実施することになったが、副作用がひどく、六回で中止することとなった。

尿路上皮がんの経過観察をしていたところ、平成21年の1月、尿管のCT検査でがんが疑われる所見があり、尿管鏡検査を行った結果、尿管がんグレード2~3と判定された。その病院の標準治療は開腹手術であったため、開腹せず内視鏡手術が可能な治療方法を求めた達光は、セーリング仲間の紹介で東北地方のある病院の門を叩いた。そこの医師の診断により、化学療法を行った後で手術することになった。平成21年3月12日に入院し、抗がん剤治療を開始したが、途中白血球が500まで下がってしまい、クリーンルームに監禁される状態となってしまった。二回目の化学療法は中止となり、4月3日一時帰京、体力の回復を待った。4月7日から再入院し、手術前検査等を経て、5月4日に内視鏡による手術が行われた。腎臓、尿管、膀胱の一部を摘出する大手術だったが、無事終了した。

尿管がんの手術をすると、膀胱がんも発症するケースが多いと言われていたが、達光も例外ではなかった。平成22年3月の膀胱内視鏡検査でグレード2〜3と診断され、通院によるBCG治療を八回施すことになった。この治療をすると、達光は必ず高熱を出したが、翌日は下がって、仕事をこなした。副作用が強く、最後の治療は中止となり、計七回で達光は治療を終えた。その後膀胱がんが再発することはなく、長かったがんとの戦いを終えた。達光はがんとの闘いに打ち勝ったのである。

平成14年から達光の秘書を務めた岩元俊明は、闘病を間近で見て支えてきた。岩元が振り返ってみて思うことは「なにしろ肉体的にも精神的にもタフな方でした」。四度にわたるがんの辛く苦しい治療を通じて、達光が愚痴をこぼしたのを聞いたことがない。化学療法では多くの患者が吐き気に悩まされるが、達光はそんなそぶりも見せず、いつも通りの仕事をこなしていた。副作用の脱毛も覚悟して、安くない金額のかつらを用意していたが、これも使わず仕舞いだった。達光はいつも医師の話を真摯に聞き、治療に前向きに取り組んでいた。岩元は「あれだけ病気されても86歳まで生きたのはすごいこと。生まれつきなのかあるいは長年のセーリング経験から得たものかはわかりませんが、とにかく体が丈夫な方でした」と秘書時代を思い起こす。

晩年達光は、死への恐怖を公言してはばからなかった。「死ぬのが怖い、死にたくない。死ぬときはオレと一緒に棺桶に入ってくれ」と孫に頼み、断られるシーンを綾子やかおりは見ている。

平成30年10月のある日、とあるインタビューサイトの対談のために、達光は神奈川県三崎市のシーボニアマリーナに向かっていた。シーボニアは、自らも二代目理事長を務めるなど、思い出深い場所だ。行きのクルマの中で達光は、スタッフが用意したペットボトルの飲料を飲もうとしたが、ふたが思うように開けられなかった。フレイル（健康な状態と要介護状態の中間の状態で、予備能力低下による身体機能障害に陥りやすい状態）を心配したスタッフは、達光にフレイル予防に特化したエクササイズ・トレーナーを紹介した。達光は週一回、マンション内のジムでトレーナーの指導によりエクササイズをこなし、さらにトレーニングがない日にセルフで行うメニューを作ってもらって消化するなど、積極的に体調の維持、回復に励んだ。

晩年

アメリカズカップへの挑戦を終えた後も、達光の生活においてセーリングとの縁が途切れることはなかった。

サンバード・フォーエバー

達光は、考えてみればアメリカズカップ期間中、のんびり船に乗ることがなくなっていたことに気付き、自分のヨットで好きな酒を飲みながらゆったりとした時間を持ちたいと考えた。平成20年、〈スーパー・サンバード〉以来となる自分のヨット、ドイツ製のハンゼ35を購入し、〈サンバード・フォーエバー〉と名付けた。この船で達光は、武村洋一や岩元俊明らと、伊東レースや逗子マリーナカップ、相模湾オープンヨットレース、また千葉保田、熱海、西伊豆へのクルージングを楽しんだ。訪れた先でのビールや海鮮は、達光やクルーのみんなにとって格別の思い出となった。

タモリカップ

平成24年12月6日、あるセーラーが達光のもとを訪ねていた。タレントのタモリ、こと森田一義である。タモリは平成21年から、艇を係留している沼津のマリーナを拠点に、自らの名前を冠したヨットレース「タモリカップ」を開催していた。レースのコンセプトは〝日本一楽しいヨットレース〟。海とヨットを愛する仲間たちと、レースの後にはバーベキューや音楽を楽しもうという催しだった。タモリはこの大会を沼津で四年続けて開催した後、次はかねてよりの願いだった横浜で開催したいと考え、日本セーリング連盟（ＪＳＡＦ）名誉会長である達光を頼った。この日の会合でタモリは達光に、ヨットや海を愛する気持ち、楽しむ気持ちを熱く語った。達光は平成15年に会長に就任以来、常にＪＳＡＦ会員を増やしたいと考え、そのための方法を模索していた。はじめのうち達光はさほど前向きにならなかったが、タモリの熱意に押され、ＪＳＡＦ会員獲得に繋がるのならと、協力要請を引き受けた。

達光はまず、サンバードの古くからのクルーである石井力と共に対策に取り組み、旧知の仲である、横浜の海運業の顔とも言える藤木幸太、貝道和昭に協力を依頼した。会場候補の横浜ベイサイドマリーナは、これほど規模の大きなレースを受け入れたことがなく、同マリーナ専務取締役である飛内秋彦もはじめは積極的でなかったが、達光や貝道の説得に応じ、タモリカップの横浜開催が決定した。大会の実行委員会は、以下の顔ぶれとなった（大会パンフレットより）。

大会名誉会長　森田一義　自由業
大会会長　山崎達光　公益財団法人日本セーリング連盟名誉会長
大会副会長　中田穂積　横浜ベイサイドマリーナ(株)代表取締役社長
　　　　　　藤木幸太　藤木企業（株）代表取締役社長
実行委員長　貝道和昭　神奈川県セーリング連盟会長

その後、神奈川県セーリング連盟関係者、横浜ベイサイドマリーナ関係者、行政関係者、港湾関係者との折衝、打ち合わせを経て、第1回横浜大会は平成25年8月31日の前夜祭を迎えた。前夜祭は盛大に行われたが、9月1日のレース本番は、残念ながら台風のため中止となった。以降、タモリカップ横浜大会は平成29年まで計六回開催され、エントリー数およそ180艇、パーティー参加者二千名という規模は、国内でも最大級の大きさだった。

達光は石井に「オレはこれまで出来上がったレースに山ほど参加してきたけれど、レースを企画運営する側がこんなに大変だっていうのを初めて知っ

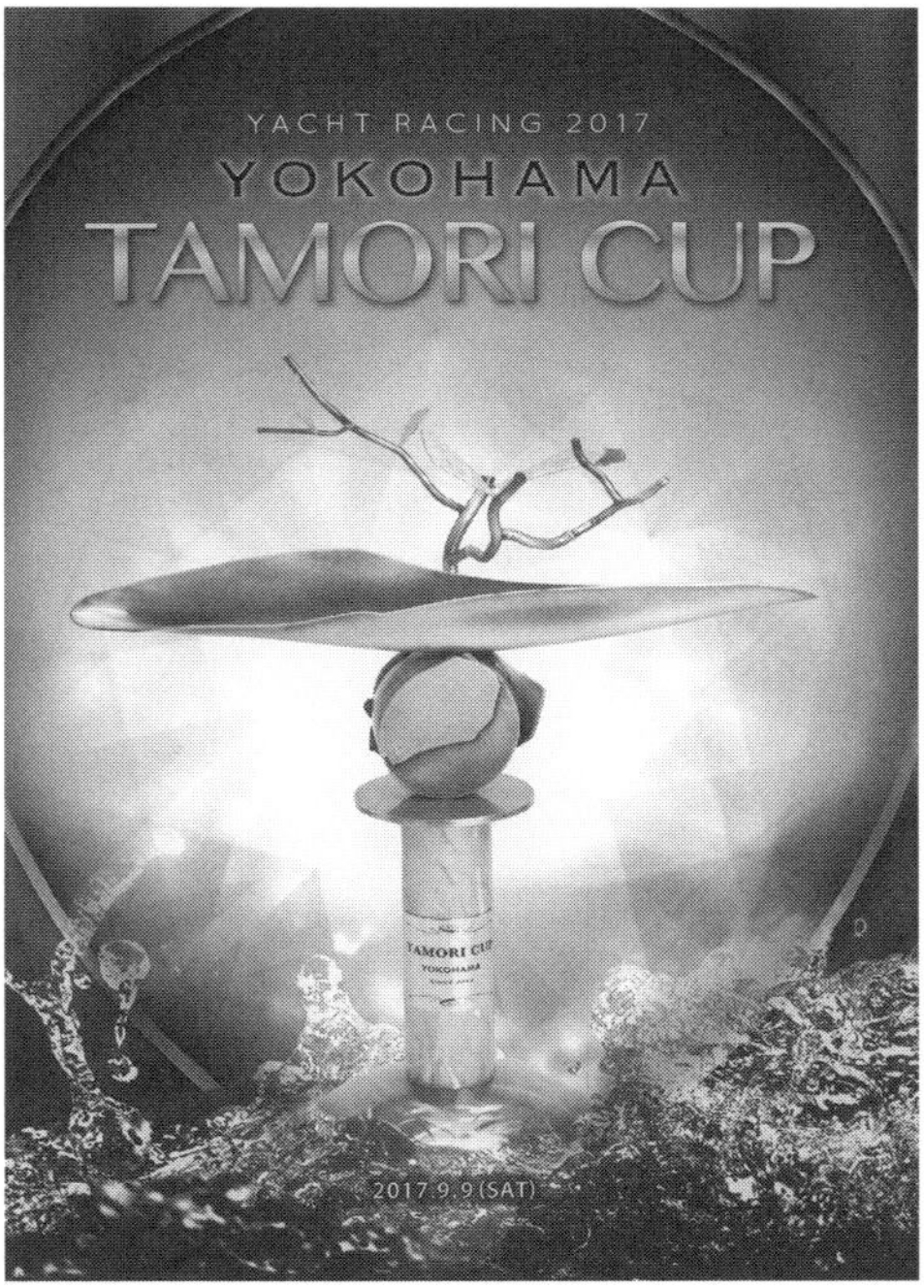

タモリカップ横浜大会 2017 パンフレット

たよ」と楽しそうに語った。

早稲田大学ヨット部合宿所

当時神奈川県の八景島にあった早稲田大学ヨット部の合宿所は、長年住み慣れた三戸浜合宿所が諸般の事情から閉鎖され移動したものだったが、その手狭さや練習環境の不適、公式レースが行われる葉山から遠いなど、合宿所として適地とは言い難く、新合宿所の建設が望まれていた。

早稲田ヨットクラブ（ヨット部OB会）会長の福島洋二は、この問題に向き合うべく、同じくOBの達光に相談してみようと考えた。平成27年頃のある日、日比谷の帝国ホテルのラウンジには、達光、福島、OB会副会長の武藤忠の顔があった。福島らの話を聞いた達光は「早稲田ヨット部は、オレのセーリングの原点であり、人生の基本にあたる場所だ。今のオレがあるのは早稲田ヨット部があってこそだ。学生たちにも同じ経験をさせてやりたい。そのための環境を整えてやることが我々OBの使命だ。合宿所の建設、大賛成。

是非やろう！」と、諸手を挙げて賛同した。それは、達光の晩年のライフワークとも言える取り組みとなった。

最初にやらなければならないのは、大学との折衝だった。これは主に福島が窓口となった。しかし、早稲田大学体育部の中では弱小な存在のヨット部に対して、大学側は簡単には動いてくれなかった。その中で、大学の評議員も務めていた達光は学内での顔も広く、上層部との折衝役は彼の役目となった。折衝を重ねるうちに大学側の理解が深まり、新合宿所建設の方針が決定した。

合宿所建設においてもっとも時間がかかったのは、用地の選定だった。候補地には、関東学生ヨット選手権など公式レースが開催される、葉山を選定した。しかし、葉山は住宅地としても人気があり、土地は簡単には見つからなかった。稀に良い候補地があって話が進みかけても、途中で破談になるなど、もどかしい日々が続いた。達光自身も葉山の海沿いを歩き、良い物件を求める日々が続く中、足かけ四年、令和元年になって、葉山の鐙摺港《あぶずりこう》のバス停前に百坪の物件が見つかった。折衝の結果、用地はここに決まり、結果としてベースとなる葉山新港に近く、周辺の環境も良い最も望むべき場所が手に入った。

寄付金集めにも大いに苦労した。福島は、目標金額の五千万円はかなり高いハードルだと思っていたが、寄付額はそれを上回る五千五百万円に達し、達光はその多くを集め貢献した。多額の寄付金が集まったことは大学にも評価され、ヨット部の大学内の評価の向上にも寄与した。合宿所建設における大学とヨット部との役割分担もスムーズに決まり、完成後の運営スキームもヨット部にとって良い条件が整った。

完成した合宿所は、葉山新港まで歩いて5分、艇置き場やユーティリティスペース、乾燥室、広い風呂場に本格的なキッチンやミーティングスペースと、部員にとっては夢のような環境となった。大学でヨット部に入りたい子を持つ親にとっても「施設が良いから早稲田に行かせたい」と思わせるほどの評判となった。

達光は合宿所建設にそれは熱心に取り組み、月に一回の打ち合わせで福島からの報告を聞きながら、とにかくいいものを作ってやろうと目を輝かせていた。しかし、令和3年7月に完成した合宿所を、達光が目にすることはなかった。

早稲田大学ヨット部合宿所

「冗談じゃないわよ、私はあなたの賄い婦でも家政婦でもないのよ。いいかげんにしなさい」

これが、生前の夫、達光にかけた妻、綾子の最期の言葉となった。いや、この時すでに達光は息を引き取っていたとみられ、夫の亡骸にかけた最初の言葉といった方が正しいかもしれない。

◇

「なんでこの人たちはこんなに喧嘩するんだろう」。達光と綾子の初孫である中尾有希は、幼心にもこう思っていた。事程左様に、達光と綾子はよくぶつかり合っていた。決して憎しみ合う喧嘩ではなく、お互いが心の奥底では信頼し合っているからこその、意見の食い違い、主義主張のぶつかり合いとでも言おうか。なので、冒頭の綾子の言葉も、二人の間ではさほど珍しいものではない。しかしながら、最期の言葉としてはいささか後味の悪い幕切れとなってしまった。

◇

令和2年11月末のある朝、達光はカーテンの隙間から漏れる光がまぶしくて、カーテンを閉めてベッドに戻るとき、ベッドの足に躓いて転んで胸を打った。二日ほど経っても痛みが引かず、綾子と長女のかおりに付き添われて近所の整形外科で診察を受けたところ、肋骨を骨折していた。それから、折れた箇所を固定するコルセットをする日々が始まる。達光はコルセットが苦しく、五日目には鬱陶しくなってつい外してしまった。綾子に「六週間は固定しないと治らないと先生に言われてるでしょう。今外してしまったら治るものも治らないわよ」ときつく叱られ、「そんなに怒らなくてもいいじゃねえか」と言って達光はそのままベッドで休んだ。これが二人の最後の会話となってしまった。

翌日の日曜日も、達光は部屋で寝ているようだったが、綾子はあまり気にせず買い物に出かけたりして過ごした。夕食の時間に見に行くとまだ寝ていたが、その顔は笑っているようにも見えた。その時にかけた言葉が、冒頭の台詞である。笑った顔がふざけているような薄ら笑いに見えて、しゃくに障ったのだ。夜8時過ぎ、流石にいつまで寝ているのかと寝室に行ってみると、まださっき見た笑っているような顔のまま、少しも動いた様子がない。何かおかしいと感じ、ベッドから片方だけ出された腕を触ってみると、夫の腕は驚くほど冷たかった。

その後のことは、綾子も記憶があまり定かではない。とにかく長男の明裕と長女のかおりに電話をかけて、家に来てもらった。明裕はすぐに主治医に電話をして、指示を仰いだ。急行する救急隊員から心臓マッサージをするように言われ、青山学院大学アメリカンフットボール部のトレーナーで心肺蘇生の心得のある、孫の光が懸命にマッサージをした。救急隊が到着し達光を診たが、すでに息を引き取った後だった。人は、病院以外の場所で亡くなると検視を受ける必要があるため、警察が呼ばれた。遺体は一度引き取られたが、事件性はないと判断され、家に戻ってきた。死因は、虚血性心不全。死亡推定時刻は午後2時頃。

医師によると、おそらく眠ったまま、苦しむことなく永遠の眠りについたという。本人はまだ、自分が死んだことに気がついていないかのような穏やかな死に顔だった。

令和2年12月6日、達光は86歳でその生涯を閉じた。綾子と夫婦として過ごした日々は、59年と363日。あと二日でダイヤモンド婚式を迎える日だった。

横顔

ここで、達光の人柄が垣間見えるエピソードをいくつか紹介したい。

読書家

休日はよく、書店に行って本をまとめ買いしていた。好きな作家は司馬遼太郎、藤沢周平、吉村昭ら、主に歴史小説を愛した。しかし、買っただけで読まない「積ん読」も少なくなかったようだ。

シドニーオリンピックのマント

平成12年のシドニーオリンピックでは、セーリング日本選手団のチームリーダーとして現地入りし、開会式の入場行進に参加した。途中で達光は、開会式をテレビで観ていた家族にスタジアムから国際電話をかけた。入場行進は待ち時間が長く、時間を持て余したようだった。当時小学校一年生だった孫の中尾有希は、テレビ中継で入場行進の中に達光の姿を探したが、見つけることはできなかった。それでも祖父が日本選手団として入場しているのを想像し、誇らしい気持ちになった。そのとき達光が着用していたグリーンのグラデーションのマントは、帰国後有希の手に渡り、後日青山学院初等部のロビーでしばらく展示された。

ファーストペンギン

雑誌「舵」に寄せた追悼文の中で三浦恵美里は、達光を「ファーストペンギン」と評した。集団で行動している群の中から、天敵がいるかもしれない海へ餌を求めて最初に飛び込む一羽のペンギン。転じて、その「勇敢なペンギン」のように、リスクを恐れず初めてのことに挑戦するベンチャー精神の持ち主を、敬意を込めて「ファーストペンギン」と呼ぶ。まさに達光のことだとこの記事を書いた恵美里だが、よく考えたらこれは自分のことでもあるな、と思った。弟の雄大とエスビー食品を訪れたその日、恵美里はまさにファーストペンギンのごとく怒濤のアメリカズカップの世界に飛び込んだのだった。

約束の報告

『山崎達光様　私が初めて山崎さんとお会いしたのは、平成26年全日本インカレで総合優勝した際の祝勝会でした。その際に山崎さんからおめでとうと同時に日本のセーリングに対する想いやオリンピック、アメリカズカップへの挑戦の想いを伝えていただきました。（中略）これからも次のパリを目指し良い報告ができるように精進してまいります。温かく、時には雷を。これからも見守ってください』。これは、令和3年12月5日にＪＳＡＦ主催で開催された「山崎達光名誉会長を偲ぶ会」にて、早稲田大学ヨット部ＯＢの岡田奎樹から達光に向けての弔辞の一文である。岡田は、令和6年夏のパリオリンピックセーリング競技で見事銀メダルを獲得し、達光との約束を果たした。

合宿所　その後

達光は、早稲田大学ヨット部葉山合宿所の完成を見ることは叶わなかったが、彼の強い思いは学生たちに引き継がれた。新しい合宿所の存在を力に代え、彼らは努力を重ね、建設が始まった令和2年から令和5年まで全日本学生ヨット選手権大会で四連覇を成し遂げた。文字通り日本最強のヨット部となり、達光の大きな置き土産となった。

月の輪熊？

まだ結婚して間もない頃、達光は北海道に出張した。帰宅した達光は綾子に、父・峯次郎への誕生日プレゼントにと「熊を買ってきた」と言った。木彫りの熊か何かだろうと思って箱を空けてみると、中にいたのは赤いリボンを首に巻いた、本物の生きた月の輪熊の小熊だった。しばらくは「熊がいる家」と近所でも話題になったが、熊が大きくなってきて、達光の母・春栄の故郷、新潟県高田市の動物園に寄贈した。

濃い水割り

孫の中尾有希は小さい頃、達光のウイスキーの水割りを作る役目をあてがわれ、それを得意としていた。祖父からは「有希の水割りは美味い」と褒められていたからだ。しかし、社会に出てから友人に水割りを作ってあげると「有希ちゃんの水割り、濃い～」と顔をしかめられた。

最高のアルバイト

有希の妹の光は小さい頃、達光が帰宅すると玄関でクラッチバッグを受け取り、それを部屋まで運んだ。運ぶことで、毎回五千円のお小遣いがもらえたからだ。こんなにいいアルバイトはないと思いながら、部屋で達光から「最近学校はどうなんだ」と聞かれたり、祖父のスーツにファブリーズしたり、おやつ代わりのビタミン剤をもらったりして過ごした。祖父にとっても孫にとっても、それは楽しい時間だった。

罰ゲーム

正月に家族で集まり、テレビの「芸能人格付けチェック」を観ていたとき、孫の山崎櫻子は、勝つとお年玉増額ボーナスがもらえた。その代わり、負けたときには罰ゲームとして、寒空の中コンビニまでアイスクリームを買いに行かされた。アイスクリームは、達光の好物だった。

武勇伝

長女かおりの夫、中尾能之は学生時代、自分の属するアメフト部やラグビー部、水泳部のメンバーと一緒に、当時から親しくしていたかおりの家によく集まっていた。スポーツをする若者が大好きだった達光は、深夜帰宅して車を降りたときリビングに明かりが点いていると「お、あいつらまた来てるな」と嬉しくなり、いつもその輪に参加した。車座になって話していると、話題はいつも達光の武勇伝になった。話の中身は割愛するが、彼らと語らい合うひとときは、達光の大好きな時間だった。

競馬

達光は「世の中で美しいものが三つある」と話していた。それは、ヨットとサラブレッドと女性の裸。三つ目についてはコメントを差し控えたいが、ヨットと同様に、達光は競馬を愛していた。縁があって中央競馬振興会のメンバーになり、中央や地方の競馬観戦にしばしば出かけた。かおりが同行した際、競馬の予算を聞かれた達光は「100万円くらいは持ってねえとな」と言って笑った。その日、馬券を買う姿を横からのぞき込むと、達光が買っているのは100円の馬券だった。

免税品

ハワイから日本に帰る時のこと。空港で買った免税品を「日本に帰るまで開けないでください」と言われたのにもかかわらず、達光は飛行機に乗るなりすぐに袋を開けてしまった。それを見た綾子は「あなた、ルール違反よ！」と激怒。決められたことは守らなければならない、というのが彼女の人生観である。

立場逆転

アメリカズカップ挑戦を終えたある日達光夫妻は、ニッポンチャレンジ支援企業の社長ご夫妻とゴルフを楽しんだ。綾子は「この夏はカナダでゴルフするんです」と、軽い世間話のつもりで話した。帰宅後達光は「自分たちは支援企業さんに散々お世話になったのに、結果退散してしまったのだから、遊びの予定などは本来あってはいけないんだ。それなのに、なんであんな軽はずみなことを言うんだ」と、いつになく厳しい口調で綾子を叱責した。普段達光が叱られることの方が多かったが、この時ばかりは綾子もその通りだと反省しきりだった。支援してくださった方達への、感謝と配慮の気持ちを持ち続けていたことがわかるエピソードである。

ゴルフクラブ

達光はゴルフもこよなく愛したが、スコアは良いときもあればそうでないときも。調子が悪かったある日帰宅すると「もうゴルフやめた」と、悪いのは道具のせいだと言わんばかりに玄関でゴルフクラブを折りだした。それを見た綾子は「あら、あたしもやるわ」と、一緒に折りだしてしまう。ところが達光の口から出た言葉は「おいやめろ、折るな!」。人に折られるのは、嫌だったようだ。

どんな存在?

あなたにとって山崎達光さんはどんな存在でしたか? の問いに対して、ニッポンチャレンジ・スタッフは。

「恩人」菊池誠、「自分の人生を作ってくれた人」鷲尾猛、「恩師であり、盟主」三浦恵美里、「自分の世界を変えてくれた人」小川正宏。

エピローグ

綾子は、達光の死後、自分が泣いていないことに気がついた。死があまりにも突然だったのと、夫の死に関わるあまりにもたくさんのことをこなさなければならない日が続き、泣いている暇がなかった。涙こそ流さなかったが、綾子は二度、耐えられないほど深い悲しみに打ちひしがれた。一度目は、達光の棺を収めた火葬炉の扉を閉めたとき。二度目は、散骨式で達光の遺灰を三河湾の海に流したとき。前者は肉体との別れ、後者は精神との別れだった。

死から三年が経ち、綾子はこのところようやく、達光の不在を肌で感じる。もう二度と会えないんだ、もう二度と話せないんだ。それはとても残酷なことだと思う。病気で入院したときは必ず帰ってきたのに、今回は帰ってこない。病気をしてから、夫の健康を守ることが自分の役割だと、食事の管理が日課だったが、今はそれもなくなった。写真の達光に「あなたはいいわねえ、もうそのまま変わらないんだから」と愚痴る日もある。喧嘩もたくさんしたけれど、不思議と今となっては良い思い出しか蘇ってこない。最愛とかそういう甘い言葉は使いたくないけれど、お互いに信頼し合って同じ価値観を持って対等に生きてきた。失ってみて一番大切な人だったと気づく。二人が夫婦として過ごした2万1千913日は、かけがえのない日々だった。

達光が歩んだ86年の歳月、それは綾子と共に描いた帆走の軌跡だった。

あとがきに代えて

拝啓　山崎達光様

会長から最後の電話をいただいたのは、会長の86歳のお誕生日会を延期する、というご連絡でしたね。ご自身がとても楽しみにしておられた、ご家族、サンバードのクルーやニッポンチャレンジのスタッフとの集まり、私もとても楽しみにしていたのですが。コロナ禍が憎いです。会長が亡くなられて、代々幡斎場で荼毘に付された後、お清めの場の中国飯店で、お誕生日会の会場はここだったと聞かされました。会長、あの電話、私には二度かかってきましたよ。きっと、出席予定だった全員に自ら電話をされて、誰にかけたかわからなくなっちゃったんですね。言ってくだされば私から皆さんに連絡しましたのに。でも、あのお陰で最後に会長とお話しできた人も多いので、あれはあれで良かったのかも知れません。

さて、この度私、恐れ多くも会長の本を出させていただくことになりました。思えばもう四半世紀以上前、私は電通PRの若手社員としてニッポンチャレンジのPRスタッフに加わりました。会長は言うまでもなくクライアントのトップで、それはもうおっかなく、口を利くのも憚るお相手だったのに、その方の生涯を本にしようなんて、人生とは本当にわからないものです。当時の私に「30年後に、会長の本を書くよ」と教えてやったら、きっとひっくり返るでしょう。

ニッポンチャレンジ時代はそれほど親しくさせていただいていたわけではありませんが、きっかけとなったのは、平成29年頃、小日向のお宅が綾子さんと二人で住むには広すぎるので、マンションに引っ越すことになった時のことでした。ご自宅のリビングや地下室にあった膨大な数のセーリング関連アイテム（歴代サンバードのハーフモデル、レースのトロフィー、置物や飾り物、書類、資料、ビデオ等）を処分したいので手伝ってほしいと、ニッポンチャレンジクルーの小川正宏さんからお声がかかりました。まずはすべての品を写真に収め、リストを作り、あれこれ調整の末にサンバード関連は元クルーの手に、ニッポンチャレンジ関連は蒲郡市に寄贈することとなりました。思い出の蒲郡で、会長から蒲郡市の稲葉正吉市長への贈呈式も行われました。これら一連の引っ越しプロジェクトの後、インタビューサイト「私の哲学」にご登場いただくこととなり、思い出深いシーボニアヨットクラブで抜けるような晴天の下でインタビューしたり。その後は、肺炎で入院されてお見舞いに行ったり、本稿にも登場しますがフレイルの兆候があったのでパーソナル・トレーナーを紹介したりと、ご縁が深まりました。この他、厚かましくもこちらからお誘いして銀座へ飲みに行ったり、アポなしでお宅にお邪魔したり。この頃からはすっかりご家族とも親しくさせていただく間柄になりました。

著者（右）と

かおりさんからの電話で会長の訃報を耳にしたときは、家族の目も憚らずに泣きじゃくりました。聖イグナチオ教会マリア聖堂での告別式から収骨まで参列させていただきました。納骨の後でお宅にお邪魔し、形見分けにジャケットとシャツまで頂戴しました（今でもよく着ていますよ。服のサイズは近いのですが、会長の方が私より少し腕が長いみたいです）。この時、散骨の話になり、紆余曲折の末、ニッポンチャレンジのベースキャンプがあった蒲郡で行うことが決まりました。私はプロデューサー役を仰せつかり、散骨式の準備を進めました。コロナ禍により一度延期になりましたが、令和3年11月13日、ベースキャンプ跡地のマリンセンターハウスにて、無事開催できました。あの日の雲ひとつない快晴と爽やかな西風、やはり会長、持ってらっしゃいましたね。百名を超える参列者と一緒に、最高の環境で会長をお見送りすることができました。

会長、この本お読みいただいて、いかがでしたか？　昔、ニッポンチャレンジの進水式の企画を震える声でプレゼンした時のことを思い出します。会長はいつもお渡しした資料に顔を近づけて眼鏡を持ち上げ、紙に穴が空くほどの眼力で資料を見ながら私の話を聞いてくださいました。説明を終えると、一言「楠田、最高。これでいってくれ」。その時の膝から下が抜けるような安堵した気持ち、会長に褒めてもらえた晴れがましい気持ちは、生涯忘れることはありません。この本も、あの時みたいに顔を近づけて読んでいただけているのなら、それは望外の喜びであります。

執筆にあたり、たくさんの方からお話を伺いました。尾中哲夫さん、鷲尾猛さん、名畑哲郎さん、菊池誠さん、三浦恵美里さん、石井力さん、岩元俊明さん、福島洋一さん、ご協力に深く感謝いたします。また、ご家族の皆さまにも多くの時間を割いていただきました。中尾かおりさん、山崎明裕さん、本当にありがとうございました。情報提供いただいたご家族の中尾能之さん、まごーず（楠田が勝手に名付けたお孫さんのユニット名）の中尾有希さん、中西光さん、山崎櫻子さんにもお礼申し上げます。そして誰よりも、この企画にご賛同いただき、長い時間のインタビューにお付き合いくださり、出版に全面的にご協力いただいた山崎綾子さんに、心からの感謝を申し上げます。
この本に書いたことは、私の記憶の中にあったものと、皆さまから伺ったお話、過去の書籍や資料、雑誌の記事やテレビのインタビューなどを足し合わせたものですが、万が一事実と異なる部分がありましたら、平にご容赦の程お願い申し上げます。

会長の挑戦の志が、永く、たくさんの人の心に残り続けますように。
この書が僅かでもその一助になりますように。

敬具

令和6年9月某日　楠田和男　拝

年表

年号	年	月日	年齢	できごと
昭和	9年	11月30日		東京で生まれる
	18年		9	洗礼を受ける 洗礼名アンドレア・マリア山崎達光
	23年頃	中学時代		館山の海で人生初ヨット
	29年		20	早稲田大学商学部入学、ヨット部入部　A級ディンギーで活躍
	32年	3月	23	早稲田大学商学部卒業
		4月		エスビー食品入社
	35年	5月	26	エスビー食品取締役
		夏		19ftライトニング級購入
		12月8日		綾子と結婚
	36年	2月	27	エスビー食品常務取締役
	38年頃		29	〈亜光〉（24ftヨール型横山24）購入
	41年	7月29日		第7回鳥羽パール総合2位
		秋		〈ミス・サンバード〉（42ftヨール渡辺44）購入

昭和			
42年		33	第3回初島、第1回八丈島、第17回大島
	7月28日		第8回鳥羽パール
43年	4月7日	34	チャイナシーレース（香港〜マニラ）9位
43〜46年		35	第6回小網代、第3回大島廻航、第3回八丈島、第19回大島、第10回鳥羽パール、第4回八丈島、第15回神子元島、第5回八丈島、第12回鳥羽パール
46年			S&S38〈サンバードⅡ〉購入
46〜47年			第9回小網代、相模湾ポイント、葉山
47年	12月		ワントンカップ14位、シドニー－ホバートレース24位
48〜49年		40	初島、八丈島、第2回沖縄－東京、第19回神子元島
49年	5月		エスビー食品取締役副社長
			日本外洋帆走協会理事、日本ジュニアヨットクラブ副会長
50年		41	〈サンバードⅢ〉購入
			サンバードスポーツクラブ発足
			春のレベルレースウィーク、サントピアオレンジ、第9回大島廻航、第25回大島、全日本レベルレースウィーク

年号	年	月日	年齢	できごと
昭和	50年		41	〈サンバードV〉（S&S54）購入
		12月		サザンクロスカップ 9位
	51年	2月	42	ニュージーランドダンヒルカップ
	52年	7月	43	第11回アドミラルズカップ 18位
	53年	2月	44	SORC 7位
		8月		第1回パンナムクリッパーカップレース
	54〜56年		45	第17回小網代、初島、第5回沖縄－東京、第30回大島、第8回三宅島
	56年	12月	47	シドニー〜ホバート
	57年	8月	48	第3回パンナムクリッパーカップレース 42位
	58年	6月	49	エスビー食品代表取締役社長
				〈スーパーサンバード〉（ヤマハ41ft）購入
		11月3日		全日本熱海オフショア CS
	60年		51	トランスパシフィックレース 8位

元号	年	月日	年齢	事項
昭和	61年		52	ケンウッドカップ 26位
	62年	1月10日		エスビー食品とヤマハ発動機、アメリカズカップ挑戦に合意
		4月17日	53	ニッポンチャレンジアメリカ杯1991委員会発足、委員長（後に会長）
	63年	4月24日		蒲郡ベースキャンプ開所式
平成	元年	6月	55	エスビー食品代表取締役会長
	4年	1～4月	58	第28回アメリカズカップ挑戦艇選抜シリーズ（ルイ・ヴィトンカップ）ベスト4 挑戦艇〈JPN-3〉〈JPN-6〉〈JPN-26〉
				ニッポンチャレンジアメリカ杯1995発足、会長
	7年	1～5月	61	第29回アメリカズカップ挑戦艇選抜シリーズ（ルイ・ヴィトンカップ）ベスト4 挑戦艇〈JPN-30〉〈JPN-41〉
		10月		ニッポンチャレンジアメリカ杯2000発足、会長
	9年		63	日本ヨット協会（JYU）副会長
	11年		65	日本セーリング連盟（JSAF）発足、副会長
	11～12年	10～1月	66	第30回アメリカズカップ挑戦艇選抜シリーズ（ルイ・ヴィトンカップ）ベスト4〈JPN-44〉（阿修羅）、〈JPN-52〉（韋駄天）

年号	年	月日	年齢	できごと
平成	12年	5月9日	66	第31回アメリカズカップ挑戦表明（名古屋東急ホテル）
		7月19日		アメリカズカップ撤退表明（日本スポーツマンクラブ）
		9月		シドニーオリンピックチームリーダー
	15年		69	日本セーリング連盟会長
	16年	8月	70	アテネオリンピック選手団長
	17年	4月	71	旭日中綬章叙勲
		4月		愛・地球博記念国際セーリングシリーズ推進協議会会長
	20年	4月	74	〈サンバードフォーエバー〉（ハンゼ35ft）購入
		8月		北京オリンピック選手団長
	23年		77	日本セーリング連盟名誉会長
	25年	9月1日	79	タモリカップ 2013 横浜大会会長（以降平成29年まで）
令和	2年	12月6日	86	虚血性心不全のため死去

＊国内ヨットレースはいずれも優勝またはファーストホームのみ記載

〈参考文献〉

「海が燃えた日」　山崎達光・武村洋一　舵社刊
「古い旅券」　武村洋一　エスアイピー刊
「ニッポンの挑戦　日本はアメリカズ・カップを奪えるか」　木村太郎　世界文化社刊
「ニッポン・チャレンジ」　パトリック・スミス　文藝春秋刊
「栄光は風に　アメリカズ・カップの挑戦者たち」　山際淳司　講談社刊
「ニッポンチャレンジ　AMERICA'S CUP 1992　オフィシャルレコード」　小学館刊
「ニッポンチャレンジアメリカズカップ 2000　オフィシャルメモリアルブック」　東京ニュース通信社刊

著者紹介　楠田 和男（くすだ かずお）

昭和40年、東京生まれ。大学卒業後（株）電通PRセンター（現：電通PRコンサルティング）に入社、企業・団体のPR活動に携わる。平成2年頃からニッポンチャレンジアメリカ杯のPRとキャンペーンに従事。平成26年、退社。同年、楠田事務所設立、代表取締役就任。クライアントのPRコンサルティングならびにPRに関する講演、研修講師として活動中。

山崎達光　帆走の軌跡

2024年11月20日　第1刷発行

著　者　　楠田 和男

協　力　　山崎 綾子

発行者　　松嶋 薫

発行所
株式会社メディア・ケアプラス
〒140-0011 東京都品川区東大井3-1-3-306
電話：03-6404-6087
FAX：03-6404-6097

印刷・製本　日本ハイコム

デザイン　ヒナタラボデザイン事務所

編集協力　楠田 尚美

ISBN 978-4-908399-28-2 C0095